# あなたの　　　を200%活用する教師の仕事術！

著／こう

東洋館出版社

# iPadを200%使いこなす!

## 1日に10分の探し物をすれば「1年で3650分」

　職員室に戻ると、見覚えのないプリントが机の上に積まれている……あなたも経験したことがあるはずです。

　とりあえずファイルにとじておくと、必要なときに限って「あのプリントどこにしまったかな……」と探すはめに。

　そんな無駄な時間がストレスに感じました。

　1日に10分の探し物をすれば、1年で3650分、時間にするとなんと約60時間。ということは、2日と半日は探し物に充てていることになります。

　今でこそペーパーレス化が浸透しましたが、学校現場はまだまだ紙で溢れています。

　教科書、指導書、学習指導要領、会議書類、行事などの実施要項、週案、出張届、学校教育計画、名簿、ノート、ワークシート……

　元々紙の管理が苦手だった僕は、この現状をなんとかしたいと思い、デジタルで管理をしようと考えました。そのために購入したのが「iPad」です。

　iPadの良さは次の通りです。

- ●全てのデータを集約できる
- ●作業を効率よく行うことができる
- ●場所を選ばずどこでも使える
- ●ノートが無限に使える
- ●頭の中のアイデアを表現することができる

　これを見ると、教師の仕事とiPadが、非常に相性が良いということがわかります。

　僕はiPadを手にしてから、仕事が劇的に早くなりました。早くなっただけではなく、今までより仕事の精度も上がり、授業もわかりやすくデザインすることができるようになりました。余裕が生まれたことで、子どもたちと関わる時間も増えました。

## iPadを購入するときの心構え

　iPadは簡単に買えるような価格ではありません。それこそ、仕事のために実費でこれだけ高価なものを買って、もし使いこなせなかったら……。そう思う人も多いのではないでしょうか。

　iPadを使ってみて「やっぱり自分には合わないな」という人も中にはいるかもしれません。ただ、使ってみないことには、それすらもわかりません。僕自身、「使いこなせなかっ

たら、その時は売ればいいか」と思って購入しました。それくらいの気持ちで、まずは、"使ってみる" ことをおすすめします。

## ■ まずは保存するために使う

iPadをいきなり「使いこなそう！」と思うと、デジタルの操作が苦手な人にとっては、中々ハードルが高いかもしれません。

そこで、まずはiPadを「いろいろな物を保存する機器」という感覚で使ってみてください。今まで大量の書類をファイルにまとめたり、毎日のように教科書を持ち帰ったりしていた負担を無くせるだけでも、十分に価値があります。

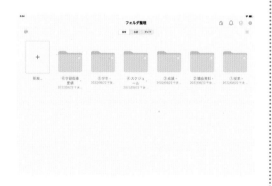

本書では、活用の難易度を以下のように5つの★で表しています。

難易度
★★★☆☆

まずは、難易度の低い「教科書の保存」「書類の保存」など★1つのものから読み進めていくことをおすすめします。使っていれば徐々に慣れてきますので、いきなり全てやろうとは思わずに少しずつ実践してみてください。

## ■ 学校支給のiPadも200%使いこなす！

最近では、児童生徒に1人1台のiPadが支給されている学校が増えてきました。しかし、インターネットのアクセスやアプリのインストール制限など、校内のiPadは制限が多く、使いづらさもあるかと思います。それでも、アップル純正のアプリやiPad特有の便利なショートカットなどを使えば、活用の幅は大きく広がります。

本書では、個人のiPadのみならず学校支給のiPadでも活用できる方法も多く載せていますので、ぜひ参考にしてください。

## ■ 本書末のQRコードからデータをダウンロードする

本書末には、自作したデータをダウンロードできるQRコードを用意しました（P.178）。ぜひお試しください。

# contents

# iPad周辺機器・便利アイテム

iPadをより使いやすく、そしてさらに便利にさせるのが「iPad周辺機器」です。中には「学校にあるのに使ってなかった！」「これくらいなら学校の予算で買ってくれるかも！」といったものがあるかも知れません。

また、本書では、これらのiPad周辺機器を使った活用術も載せていますので、ぜひ参考にしてください。

## スキャンに必要な機器

教科書や書類などをデータ化するために必要な機器を紹介します。

### ▶ 複合コピー機

学校によくある複合コピー機ですが、最近のものは紙をスキャンしてデータ化することができます。事務の先生に使い方を聞いてみるとよいでしょう。

### ▶ ScanSnapiX1600

スキャナー機の代表とも言える機器が、ScanSnap（富士通）です。

基本機能
・A4カラー両面40枚/分（300dpi）の高速スキャン

・wi-fi環境なしでも無線でiPadに直接データ転送
・搭載枚数50枚で大量の原稿読み取り可能
・ブレーキローラーや超音波センサーによる安定した搬送性能
・名刺・レシートなどの小さな書類からB4/A3の大きな書類にも対応
・カバーを開けるだけですぐに使える高速な起動

値段はしますが、学校に一台置いてあるとiPadの活用の幅が大きく広がります。学校の予算で購入できないか相談してみてください。

## ミラーリング機器

iPadの画面をテレビ画面に映し出すミラーリング機器を紹介します。

### ▶ Apple TV

Apple TVがあれば、無線で接続が可能です（別途HDMIケーブルの購入が必要）。第3世代以降の「PSP AirPlay機能」が搭載されているApple TVであれば、wi-fi環境がない場所でも接続が可能です。（第3世代は「A 1469」モデルに限る）

## ▷ HDMIケーブルとAVアダプタ

有線で接続するには、HDMIケーブルとAVアダプタが必要になります。

AVアダプタはiPadの接続端子によって種類が異なります。

- ●USB Type-C端子のiPad
- ・iPad mini（第6世代）
- ・iPad Air（第4,5世代）
- ・iPad Pro 11インチ（第1~3世代）
- ・iPad Pro 12.9インチ（第3~5世代）
- ●その他のiPadはLightning端子
  （ただし、iPad、iPad2、iPad（第3世代）は「Apple Dock端子」）

端子に合わせて以下のアダプタを選んでください。

- ●USB Type-C端子→「Apple USB-CDigital AV Multiport アダプタ」
- ●Lightning 端子 → 「Apple Lightning -Digital AV アダプタ」

## データ転送に使用する機器

## ▷ USBアダプタ

USBアダプタは、端子が異なるデバイスに接続したいときに便利な機器です。専用のUSB変換アダプタを使用すれば、USBをiPadに接続することができ、データ転送が楽になます。

- ●USB Type-C端子→「USB-C - USBアダプタ」
- ●Lightning 端 子 → 「Apple Lightning-USBカメラアダプタ」

USBアダプタが無くても、GoogleDriveなどのクラウドサービスを使えば、パソコン内のデータをiPadに転送することがます。しかし、ネットワークが繋がっていない場所では使用することができません。

もしも校内でUSBを使用できるのであれば、USBアダプタを使ってデータ転送をする方法もあります。ただし、USBを使用する場合は紛失の可能性もあるため、あくまでもデータ移動のために使用しましょう。

データ移動を終えたらUSBの中にあるデータは全て削除しておきましょう。

書類整理

# Chapter 1

[書類整理]

# 書類整理はiPadにデータを保存するだけ！

iPadに書類を保存することで次のようなメリットがあります。

- 様々な書類をiPad1台に集約できる
- 目次をつけて整理できる
- 文字検索で特定の書類をすぐに見つけることができる
- 職員会議中に書類の整理ができる
- ワンタップで書類を取り出すことができる
- ファイルが不要になり机の中がすっきりする

## 職員会議中に書類整理

あらかじめiPadに職員会議の書類を保存しておけば、今までのようにペラペラと紙をめくりながら会議に参加する必要はありません。

また、会議中にiPadの画面上で書類を整理することができるので非常に便利です。

会議が終わった時には、完全に書類整理を終えて、すぐに次の仕事へと切り替えることができます。

次の項目では、職員会議の書類をどのように保存し、整理しているかを解説していきます。

## 書類の保存方法

iPadに紙の書類を保存するには、まずスキャンをしてデータ化する必要があります。紙の書類をスキャンする方法は2つあります。

## ①スキャナーアプリで保存

1つ目は「Adobe Scan」などのスキャンアプリで1枚ずつ撮っていく方法です。

数枚であればすぐにスキャンすることができるので良いのですが、枚数が多いときは少し手間です。

また、手ブレによってきれいに撮れないこともあります。

## ②複合コピー機で保存

2つ目の方法は、学校にある複合コピー機を使う方法です。

機種にはよりますが、大概の複合コピー機にはUSBの差込口があります。

「コピー」ではなく「スキャン」を選択し、コピーの時と同様に書類をセットしてスタートボタンを押せば、データ化された書類がUSBに保存されます。

あとはこのUSBに保存されたデータをiPadに保存するだけです。

USBのデータをiPadに保存する方法は、P.15で解説します。

書類の枚数によって2つの方法を使い分けるといいでしょう。

## 書類の整理方法

職員会議の書類は「GoodNotes5」というアプリに保存しています。

紙の書類をファイルにとじていくのと同じ感覚で、書類を整理していくことができます。

職員会議の書類以外にも学習指導要領、指導案などの書類もフォルダを分けて保存しておくと便利です。

## 目次を作成

GoodNotes5の優れているところは、アウトライン（目次）を作成することができるところです。（アウトラインの作成方法はP.16で解説します。）

アウトラインを作成しておけば、月ごとの書類を瞬時に開くことができるので便利です。

## 文字検索

またGoodNotes5には「文字検索機能」があります。

検索バーに文字を入力すれば、その文字が書かれてあるページが簡単にみつかる…と言いたいところですが、複合コピー機などで保存した場合「文字認識PDF」ではないため、検索はヒットしません。

しかし、GoodNotes5の「文字検索機能」は手書きの文字を認識することができます。

この機能を利用し、後で見返す書類には、Apple Pencilでタイトルを書き込むようにしています。

すると、「文字検索機能」で書類を瞬時に見つけることができるので非常に便利です。

## 週案に書類をはさむ

職員会議の書類の中には、避難訓練や地区集会の要項など、週案に挟んでおきたい書類があります。

週案をあらかじめiPad内に作成しておけば、必要な書類を週案に挟むことも簡単にできてしまいます。

# 01

かかる時間
10分

難易度
★★☆☆☆

アプリケーション

GoodNotes5
ファイル

[書類整理]

# 職員会議の書類を整理する

**ポイント**
1. 1冊のノートにまとめて保存しておく
2. 目次・文字検索機能を使いこなすとさらに便利

**準備**
1. 職員会議の書類データをUSBに保存しておく

会議中に書類を整理し、終わったらすぐに次の仕事へ！

▷ 完成イメージ

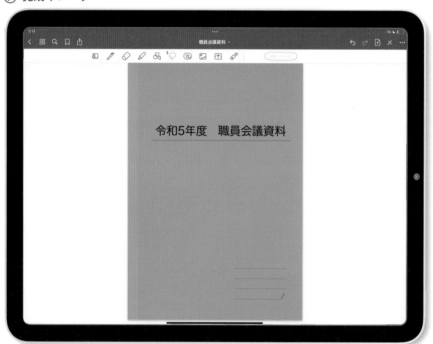

令和5年度　職員会議資料

## 01 　表紙の作成方法

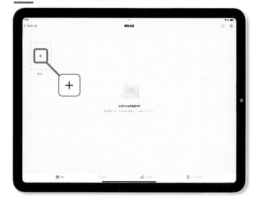

Goodnote5を開き「＋」をタップします。

## 02

「ノート」をタップします。

## 03

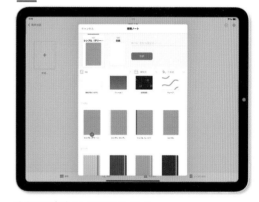

レイアウトで「横向き」「縦向き」を選択することが
できます。

## 04

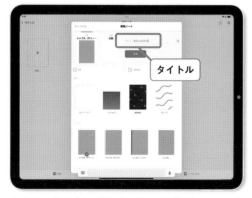

表紙のデザインを選択します。

## 05

タイトルを入力し「作成」をタップします。

## 06

左上にある「田」のマークをタップします。

**07**

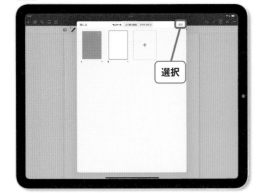

「選択」をタップします。

**08**

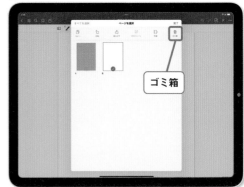

白紙のページを選択し「ゴミ箱」をタップします。

**09**

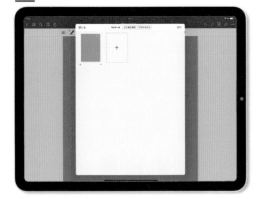

これで表紙のみにすることができます。

**10**

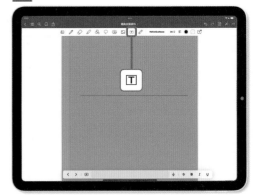

表紙のページを開き「T」を選択します。
テキストを入力したいところをタップします。

**11**

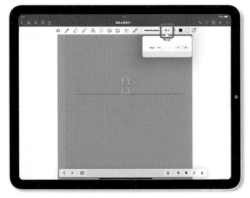

テキストのサイズを変更することができます。

**12**

フォントを変更することもできます。

**13**

表紙のタイトルを入力します。

**14**

これで表紙の完成です。

## 15 書類を保存する方法

　ここでは、USBに保存してある書類データを表紙の後に保存していく方法を解説します。
　まずは、USB変換アダプタを使用し、USBをiPadに接続します。

**16**

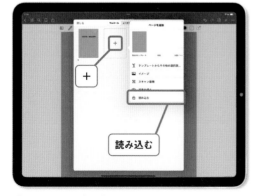

「⊞」をタップします。

**17**

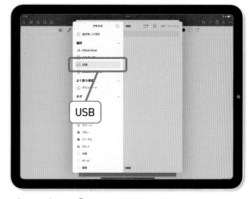

「＋」をタップし「読み込む」を選択します。

**18**

ブラウズから「USB」を選択します。

### 19

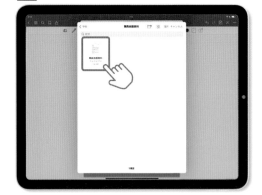

保存する書類を選択します。

### 20

これでUSBに保存してある書類データを表紙の後に
保存することができました。

### 21　目次を作成する

　　次に、目次をつけて書類を整理していきます。
目次をつけておくことで、より特定の書類を見
つけやすくなります。
　　会議中に後で見返す必要があると思った書類
に目次を付けておくと、後から探す手間がなく
なります。

### 22

このページをアウトラインに追加

右上の「…」をタップし「このページをアウトライ
ンに追加」を選択します。

### 23

名前を入力して
「追加」

名前を入力して「追加」をタップします。

### 24

不要な書類は
「ページ消去」

必要に応じて、他の書類にも目次をつけます。不要
な書類は「ページを消去」で消去しておきましょう。

**25**

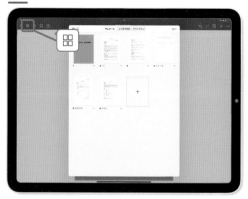

「▦」をタップすると、ページの一覧を見ることができます。

**26**

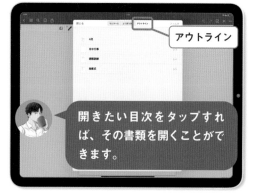

アウトライン

開きたい目次をタップすれば、その書類を開くことができます。

「アウトライン」をタップし、目次を確認します。

## 27 検索機能を使う

　書類が増えていくと、目次の数も増え、必要な書類が見つけにくくなります。
　そのような時に便利なのが文字検索機能です。

## 28 文字の検索機能

書類の名前を手書きで記入する

画像のように書類の名前を手書きで記入しておきます。

**29**

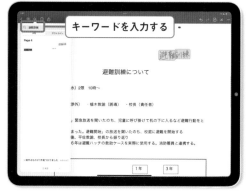

キーワードを入力する

文字検索でキーワードを入力すると、そのページを開くことができます。

**30**

　従来であれば、職員会議が終わった後に、ファイルにとじたりノートに貼ったりしていましたが、iPadを使用することで、書類整理を会議中に完結させることができるようになりました。
　また書類を探し出す無駄な時間も無ければ、机の中にあったファイルも全て不要になりました。
　これだけでもiPadを持っている価値があると胸を張って言えるでしょう。

# 02

[書類整理]
# GoodNotes5のフォルダ管理

かかる時間
5分
難易度
★☆☆☆☆
アプリケーション

GoodNotes5

**ポイント**
1. フォルダを日付順・名前順などに並べることができる
2. フォルダ間の移動が簡単
3. 検索機能で瞬時にフォルダを見つけることができる

**準備** 特になし

書類等はGoodNotes5で管理しています！
実際に使っているフォルダを紹介しますのでぜひ参考にしてください！

▷ 完成イメージ

## 01　フォルダを追加する

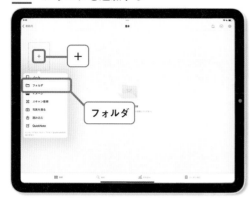

「＋」をタップし「フォルダ」を選択。

## 02

フォルダ名を入力します。

## 03

同じ手順でさらにフォルダを追加していきます。

## 04

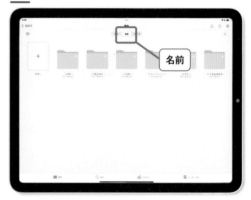

中央の「名前」をタップすると、名前順にフォルダを並べることができます。

## 05　フォルダ内の整理

授業フォルダには教科ごとのフォルダを作成しています。

## 06

それぞれの教科フォルダ内には、学年ごとのフォルダを作成します。

**07**

学年ごとに教科書やノートなどを保存します。

**08**

成績フォルダには、名簿を保存しておき、点数転記
をするときに使用します。

**09**

学習指導要領フォルダには、文部科学省のWEBサイ
トから学習指導要領をダウンロードします。

**10**

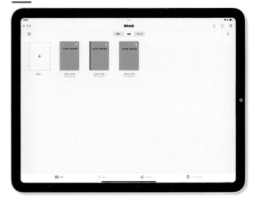

職員会議フォルダには、1年ごとの会議書類をまとめ
て保存します。

## 11　他のフォルダへ移動させる方法

右上のチェックマーク「⊙」をタップします。

**12**

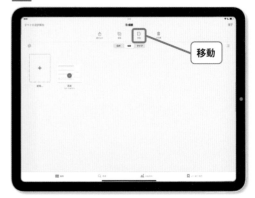

移動させたいデータを選択し「移動」をタップ。複
数のデータがあれば複数選択できます。

## 13

移動させたい場所を選択し、「○○に移動」をタップ
します。

## 14

指定した場所にデータを移動させることができます。

## 15　GoodNotes5内のフォルダを探す

　GoodNotes5内のフォルダを探す方法は2つあ
ります。
①検索で探す
②よく使う項目で探す
　フォルダの数が増えてもすぐに特定のフォル
ダを見つけることができるのもデジタルで管理
する大きなメリットです。

## 16　①検索で探す

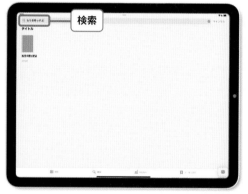

「検索」をタップしてキーワードを入力すれば、タ
イトル、本文などの文字がヒットします。

## 17　②よく使う項目で探す

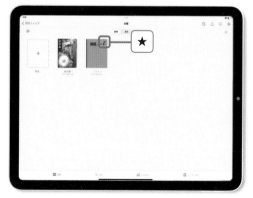

フォルダやノートの右上にある「★」をタップする
と、「★」が赤くなります。

## 18

「よく使う項目」をタップすると、星が赤くなって
いるフォルダやノートだけが表示されます。

# 03

[書類整理]
# 週案に書類を差し込む

かかる時間
2分

難易度
★★☆☆☆

アプリケーション

GoodNotes5

**ポイント**　1. 後で見返す書類を週案に差し込んでおくと便利

**準備**　1. 週案データをGoodNotes5で作成しておく（作成方法は
P.96参照）

「避難訓練の詳細が書かれたプリントどこ…？」
なんてことが一切なくなります！

▷ **完成イメージ**

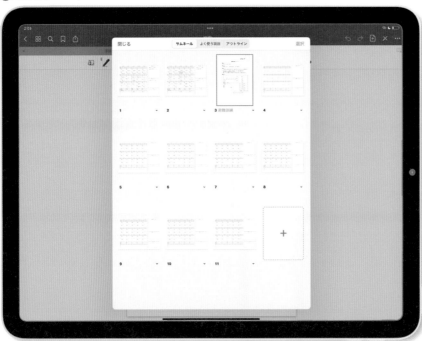

## 01

週案に差し込みたい書類を開きます。

## 02

右上の「…」をタップし「ページをコピー」を選択
します。

## 03

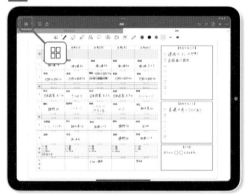

週案データを開き、左上の「田」をタップします。

## 04

「∨」をタップし、「ページを追加（後に）」を選択
します。

## 05

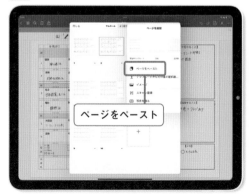

「ページをペースト」をタップします。

## 06

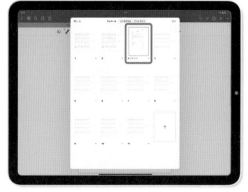

すると、このようにコピーしたページを週案に差し
込むことができます。

教材研究

Chapter 2

[教材研究]
# 教材研究を楽しく！そして効率よく！

iPadで教材研究をすることで、次のようなメリットがあります。

● いつでもどこでも手軽にできる
● Apple Pencilで効率よく作業できる
● 過去の授業ノートを瞬時に確認できる
● ノートを無限に増やせる
● 板書計画を作成できる
● ワークシートを作成できる
● 教科書の切り貼りが簡単にできる
● 授業後板書を撮影して保存できる

教材研究をする際、教科書や指導書、ノート、学習指導要領など、準備するものがたくさんあります。

長期休業期間中などにまとめてやろうと思っても中々やる気にならないといった人も多いのではないでしょうか。

iPadであれば、瞬時に教科書やノートなどを開くことができます。

教科書に直接書き込んだり、オリジナルのノートを作成したりと、手軽に楽しく教材研究を行うことができます。

iPad1台で、板書計画やワークシートを作成することもできるので、給食を食べた後などの隙間時間にもサクッと作業をすることができます。

通勤電車の中でも周りの目を気にせず、iPadを開き、その日に行う授業ノートや板書計画を確認することができるので非常に便利です。

## 教科書データを保存

教材研究をする前に、教科書や指導書、学習指導要領などをiPadに保存しておく必要があります。

教科書会社によっては、教科書に付いているDVD－ROMなどに教科書のPDFデータが収録されていることがあります。

教科書のPDFデータをiPadに保存する方法はP.28で解説しています。

## 教科書を裁断してスキャン

PDFデータがない場合は、教科書をスキャン用に1冊購入し、データ化する方法があります。

ただし、全ページをスキャンするのは著作権法に違反するので、必要最小限の範囲としてください。詳しくはP.179の「著作権について」をご確認ください。

まずは教科書を裁断します。次にScanSnapなどのスキャナー機を使ってデータ化し、iPadに保存していきます。

ScanSnapは、wi-fi環境がない場所でも、無線でiPadにスキャンしたデータを直接保存することができます。

## iPadで授業ノートを作成

iPadで授業ノートを作成する際には「GoodNotes5」を使用します。

ノートを無限に増やすことができたり、ページを入れ替えたりできるので、どの単元からでも教材研究を始めることができます。

Apple Pencil1本で、ペンのカラーの変更、蛍光ペンの使用、教科書の切り貼りなども自由に行えます。

通常のノートであれば、手間がかかる作業もiPadであれば、効率よく進めていくことができます。

## iPadで簡単に板書計画を

黒板の写真を保存しておけば、板書計画もiPadで行うことができます。

本書末にあるQRコードを読み取れば、板書ノートをダウンロードすることができます。

黒板の周りにメモをするスペースがあるので、授業の流れや発問などを書いておくこともできます。

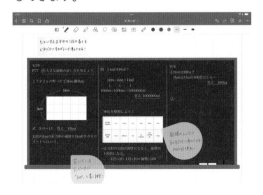

## ワークシート作成もiPadで

ワークシートの作成には、「Pages」や「GoodNotes5」などのアプリを使用します。

Pagesであれば、表や図形の挿入が簡単にでき、ワード形式に変換して保存することもできます。

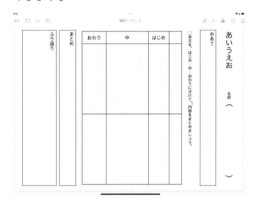

教科書の切り貼りを使ってワークシートを作成したい場合はGoodNotes5が向いています。

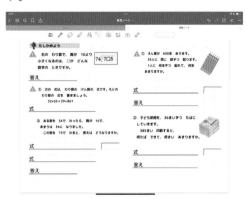

P.50でワークシートの作成方法を解説していますので参考にしてください。

# 01 教科書をiPadに保存する

かかる時間
5分

難易度
★☆☆☆☆

アプリケーション

GoodNotes5

**ポイント**
1. GoodNotes5に保存しておくと便利
2. 複数の写真をまとめて保存できる

**準備**
1. 教科書のPDFデータor写真データ
2. 教科書のPDFデータをUSBに保存しておく
3. USB変換アダプタを使用しUSBをiPadに接続しておく

ここでは、3つの保存方法を紹介します！
また、著作権についてはP.179をご確認ください

▶ 完成イメージ

## 01 ①ファイルアプリから保存する

ファイルアプリを開き「USB」を選択します。

## 02

教科書を保存しているフォルダを開きます。

## 03

保存したいデータを長押しして「共有」をタップします。

## 04

「GoodNotes5で開く」をタップします。

## 05

画面がGoodNotes5に切り替わります。「新規書類として読み込む」をタップします。

## 06

これでUSBに保存していた教科書データをGoodNotes5に保存することが出来ました。

## 07　②Split Viewにして保存する

ファイルアプリを開き、教科書データを保存しているフォルダを開きます。中央上部の「…」をタップします。

## 08

真ん中の「 」マークをタップします。SplitViewが起動します。

## 09

ホーム画面が開くので、GoodNotes5をタップします。

## 10

するとファイルアプリとGoodNotes5の2画面になります。

## 11

ファイルを長押しし、GoodNotes5へドラッグ

USBに保存している教科書データを長押ししながら、GoodNotes5のフォルダにドラッグします。

## 12

指を離せば、簡単にGoodNotes5に保存することができました。

## ③写真データを複数枚同時に GoodNotes5に保存する方法

**13**

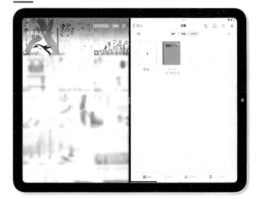

iPadの画面を写真フォルダとGoodNotes5の2画面にします。

**14**

1ページ目にしたい画像をドラッグ＆ドロップ

1ページ目になる画像をドロップしてGoodNotes5の画面にドラッグし、表紙を保存します。

**15**

GoodNotes5の左上にある「⊞」マークをタップします。

**16**

2ページ目にしたい画像を長押し

「サムネール」を表示したら、2ページ目の画像を長押しします。

**17**

3ページ目以降の画像をタップしていく

GoodNotes5へドラッグ＆ドロップ

長押ししたまま、3ページ目以降の画像をタップしていくと、まとめて選択することができます。

**18**

そのまま、GoodNotes5にドラッグすると複数の画像を同時にGoodNotes5に保存できます。

# 02

かかる時間
**2分**

難易度
★☆☆☆☆

アプリケーション

Google ドライブ
GoodNotes5

[教材研究]
# Googleドライブを使ってPC内に ある教科書をiPadに保存する

 **Google ドライブ**
1. Googleが提供しているクラウドサービス
2. どのデバイスからでもアクセス可能
3. 15GBまで無料

 **準備**
1. 教科書のPDFデータ
2. 教科書のPDFデータをGoogle ドライブに保存しておく

USBを使わずにPCとiPad間のデータを移動する方法を紹介します！保存先のアプリはGoodNotes5がおすすめです。

▷ **完成イメージ**

## 01

あらかじめ、PCからドライブにアクセスし教科書データを保存しておきます。

## 02

「…」をタップします。

## 03

「アプリで開く」をタップします。

## 04

「GoodNotesで開く」をタップします。

## 05

「新規書類として読み込む」をタップします。

## 06

これでGoodNotes5に教科書データを保存することができます。

# 03

かかる時間
3分

難易度
★☆☆☆☆

アプリケーション

Documents
GoodNotes5

[教材研究]

# Documentsを使ってPC内にある教科書をiPadに保存する

1. iPhoneとiPad向けに設計されたファイル管理アプリ
2. iPadとWindowsPC間のファイル移動が可能
3. 無線で接続できる
4. PC側はアプリ不要

1. 教科書データ
2. PCで「docstransfer.com」のページにアクセスしておく
3. Wi-Fi環境

documentsアプリを使いこなせば、ファイル管理がとても楽になります！
まずはiPadとPC間のデータ移動のツールとして使ってみてください！

▷ 完成イメージ

## 01

Documentsを開き「コンピュータ」をタップします。

## 02

PCで「docstransfer.com」のページを開き、ここに表示されている4けたの数字を入力します。

## 03

接続されるとこのような画面になります。PC内にある教科書データをマイファイルに保存します。

## 04

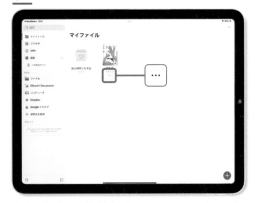

接続を解除し、教科書データの下にある「…」をタップします。

## 05

「共有」をタップします。

## 06

「GoodNotesで開く」をタップし、Googleドライブの時と同様に保存すれば完了です。

# 04

## [教材研究]
## GoodNotes5で教材研究をする

かかる時間
10分

難易度
★☆☆☆☆

アプリケーション

GoodNotes5

**ポイント**
1. 教科書に授業の流れを書き込む
2. 発問や活動も書き込む
3. ペンの色を使い分けてわかりやすくする

**準備**
1. 教科書をiPadに保存する

iPadに教科書を保存しておけば、教科書に直接書き込んで授業を考えることができます！時短かつわかりやすいので超おすすめ！

▷ 完成イメージ

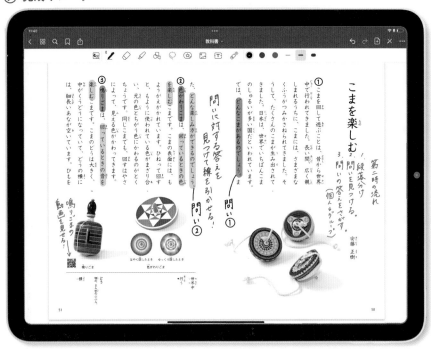

## 01

教科書を開きます。

## 02

蛍光ペンやボールペンを使用し、必要な文字などを書いていきます。

## 03

活動内容は赤で書いていきます。

## 04

どこに線を引くべきか確かめて、線を加えておきます。

## 05

メモは青で書いておきます。

## 06

1時間の授業の流れを書き完成です。必要に応じてノート作成や板書計画もしておくと良いでしょう。

# 05

**[教材研究]**

# 授業ノートを作成する

かかる時間
10分

難易度
★★☆☆☆

アプリケーション

GoodNotes5

**ポイント**
1. 教科書に書き込むことができる
2. 教科書の一部をノートに貼ることも簡単
3. メモするときは付箋を使う

**準備**
1. 教科書データをGoodNotes5に保存
2. 児童用ノートデータをGoodNotes5に保存

時短かつ楽しく授業準備ができます！
色ペンや蛍光ペン、付箋なども自由自在！

▷ **完成イメージ**

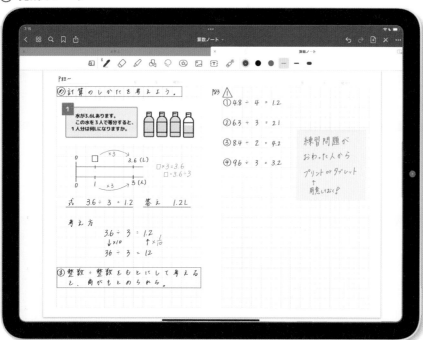

## 01

あらかじめ、GoodNotes5に保存しておいた児童用のノートを開きます。

## 02

となりのタブには、教科書を開いておきます。

## 03

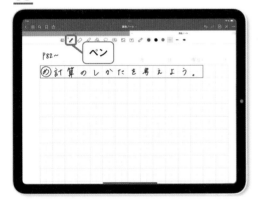

「ペン」を選択し、教科書のページ数やめあてなどを書き込んでいきます。

## 04

「⬚」を選択すれば、直線や図形をキレイに描くことができます。

## 05

タブを切り替えて教科書を開きます。

## 06

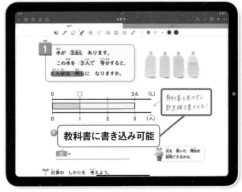

重要なところにマーカーを引いたり、メモを書いておきます。

## 07 教科書の一部をノートに貼り付ける方法

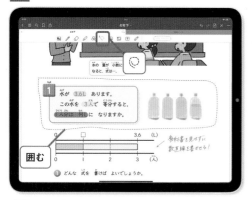

「◯」を選択し、切り取りたい場所を囲みます。

## 08

囲んだところを長押しし、「スクリーンショットを撮る」をタップします。

## 09

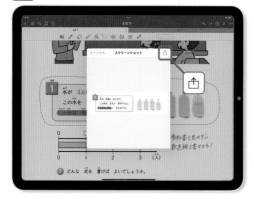

「⬆」をタップします。

## 10

「コピー」をタップします。

## 11

再びタブを切り替えてノートを開き、貼り付けたいところを長押しし「ペースト」をタップします。

## 12

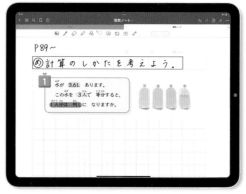

大きさや場所を微調整すれば、貼り付け完了です。

## 13 付箋を貼り付ける方法

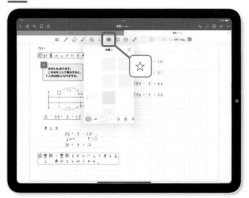

「☆」マークをタップすると付箋を使うことができます。

## 14

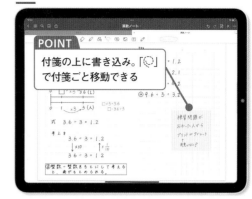

付箋の上に文字を書きます。「◎」を使えば、付箋の場所を動かすこともできます。

## 15 ノートを印刷する方法

iPadを片手に持って板書をするのは大変なので、授業前にノートを印刷しておくと楽です。
学校にAirプリンターがあれば、無線のままiPadに接続し、瞬時に印刷することができるので便利です。

## 16

「⬆」→「プリント」をタップします。

## 17

「このページをプリント」をタップします。

## 18

プリンタを選択し「プリント」をタップすると印刷できます。

# 06 板書計画をする

かかる時間
**10分**

難易度
**★★☆☆☆**

アプリケーション

GoodNotes5

**ポイント**
1. 手書きでもテキストでもOK
2. 掲示物などの貼り付けもできる
3. 付箋にポイントなどを書き込める

**準備**
1. 板書データをGoodNotes5に保存しておく

板書計画も iPadを使えば簡単にできます！
授業のイメージが広がりますね！

## ▷ 完成イメージ

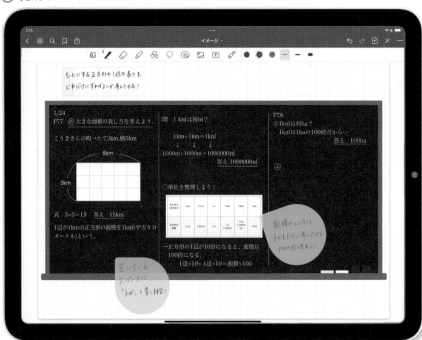

## 01

　板書として使う画像データは、巻末のQRコードを読み込んで保存してください。自作のものでももちろん構いません。
　今回はテキスト機能を使って書いていますが、Apple Pencilを使って手書きで作成することも可能です。

## 02

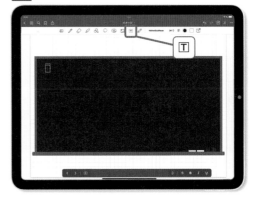

ツールバーにある「Ｔ」をタップし、テキストを入力したい場所をタップします。

## 03

文字のフォント、サイズを変更することができます。

## 04

テキストを入力していきます。

## 05

「🔲」を選択し、図形や直線を書きます。

## 06　教科書の画像を挿入する方法

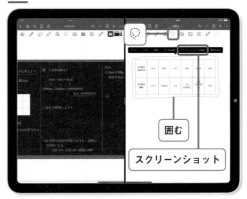

2画面にし、片方の画面には教科書を開いておきます。貼り付けたい箇所を切り取ります。

**07**

「⬆」→「画像を保存」をタップします。

**08**

画像をタップし、先ほど保存した画像を挿入します。

**09**

トリミングをするには、画像を長押ししてトリミングをタップします。

**10**

トリミングしたら「完了」をタップします。

**11** 拡大印刷用の用紙を保存しておく

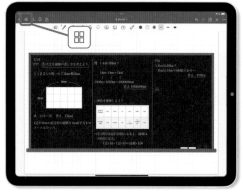

先ほど保存した画像を次のページに追加しておきます。「品」をタップします。

**12**

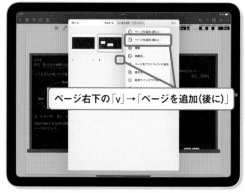

サムネールを表示し「V」→「ページを追加（後に）」をタップします。

## 13

「イメージ」をタップして、先ほど保存した画像を追加します。

## 14

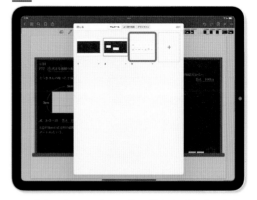

このようにしておくと、後で拡大印刷をするときに便利です。

## 15 印刷する

プリントする時は、「凸」をタップし「プリント」を選択すれば、印刷できます。

## 16 付箋を貼ってポイントを書き込む

ツールバーにある「☆」をタップすると、いろんな付箋やスタンプを使用することができます。

## 17

お好みの付箋を選択して、授業を行うときのポイントやメモを書いていきます。

## 18

このように自分がわかりやすくサクッと板書計画を作成することができます。

# 07

かかる時間
10分

難易度
★★☆☆☆

アプリケーション

GoodNotes5

[教材研究]
# 問題プリントを作成する

 **ポイント**
1. いつでもどこでも作成できる
2. 教科書の切り貼りが簡単

 **準備**
1. 教科書データ
2. ノートデータ

> 教科書の切り貼りや手書きを加えてプリントを作成したい場合は
> GoodNotes5での作成がおすすめです！
> また、著作権についてはP.179をご確認ください

▷ **完成イメージ**

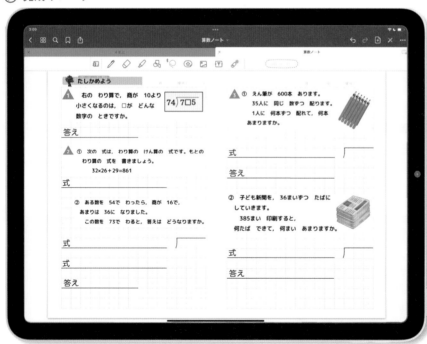

## 01

デジタル教科書や取り込んだ教科書を開きます。

## 02

となりのタブにはノートを開いておきます。

## 03　教科書の一部をノートに貼り付ける

「◯」で切り取りたいところを囲みます。

## 04

長押し→スクリーンショットを撮る

囲んだところを長押しし、「スクリーンショットを撮る」をタップします。

## 05

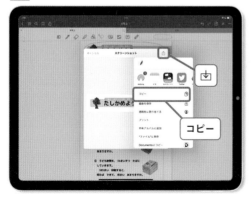

コピー

「⬇」をタップし「コピー」を選択します。

## 06

長押し→ペースト

タブを切り替えてノートを開き、貼り付けたいところを長押しし「ペースト」をタップします。

## 07

貼り付けた画像を長押しし、「トリミング」を選択すると、貼り付けた画像の余白をトリミングできます。

## 08

画像のサイズと配置を微調整し、貼り付け完了です。

## 09　テキストを挿入する

ツールバーにある「Ｔ」を選択し、テキストを入力したいところをタップします。

## 10

「フォント」を選択できます。

## 11

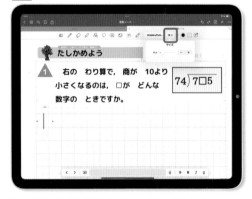

テキストの「文字サイズ」を変更できます。

## 12

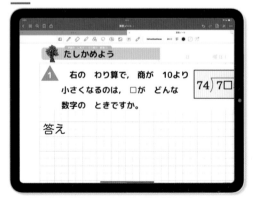

テキストを入力します。

## 13

「⌗」を選択し、直線を描きます。

## 14 ここまでの作業を繰り返していく

このように、教科書の切り貼りとテキストの入力を繰り返していきます。

## 15

「◌」でテキストと直線を囲み、長押しすると「コピー」することができます。

## 16

貼り付けたいところを長押しし、「ペースト」をタップします。

## 17

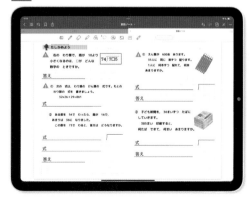

コピーしたテキストと直線が貼り付けられます。

## 18

慣れれば10分ほどで問題プリントを作成することができます。

# 08

[教材研究]
## ワークシートを作成する

かかる時間
10分

難易度
★★★☆☆

アプリケーション

pages

**ポイント**
1. いつでもどこでも作成できる
2. 図形や表を自由に追加できる

**準備**　特になし

> pagesを使えば、以下のようなワークシートが簡単に作成できます。
> 図形や表のバリエーションも豊富です！縦書きにするには一工夫必要です。

▷ **完成イメージ**

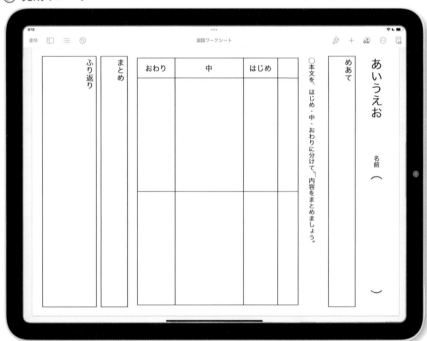

## 01　名前を変更する

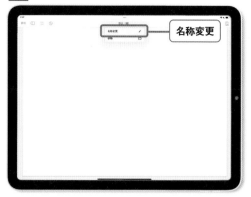

名前をタップして「名称変更」を選択します。

## 02

ワークシートに合わせた名前を入力します。

## 03　書類本文をオフにする

　「書類本文をオフ」にすると、本文に直接文字を入力できなくなります。オンのままであれば、図形や表を挿入した際に、本文が予期せぬ所に動いてしまい、調整が難しい場合があります。
　そのため、「書類本文をオフ」にした状態で、図形や表を自由に配置していくやり方をおすすめします。文字は「テキスト」または「図形」の中に入力します。

## 04

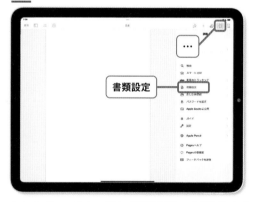

右上の「…」をタップし「書類設定」を選択します。

## 05

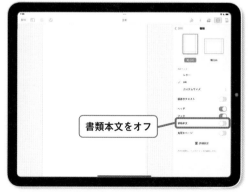

「書類本文」をオフにして、本文に直接文字を入力できないようにします。

## 06　テキストを追加する

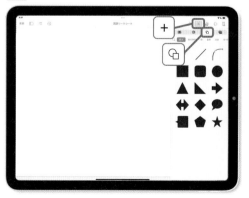

「＋」をタップし、「🔲」を選択します。

### 07

「テキスト」を選択します。

### 08

テキストを選択した状態で「🖌」をタップします。

### 09

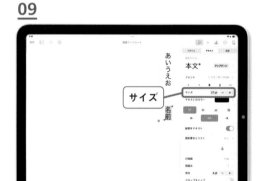

文字を選択し「サイズ」を変更します。

### 10

すると、選択した文字のみサイズを変更することができます。

### 11

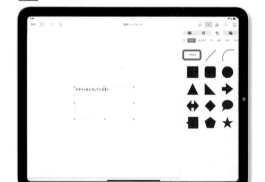

「＋」から再度「テキスト」を追加します。

### 12

「🖌」から「スタイル」を選択し、「枠線」をオンにします。

**13**

文字を入力し、めあてを書く欄を作成しておきます。

**14**

さらに、必要な文字を「テキスト」または「図形」を挿入して、入力していきます。

**15 表を追加する**

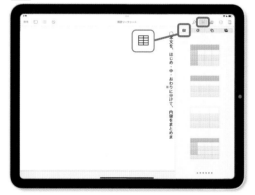

「＋」をタップし「囲」を選択します。

**16**

表を追加します。

**17**

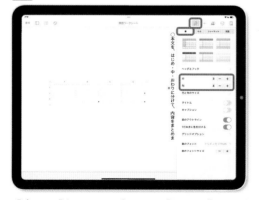

「✎」→「表」をタップすると、「行」と「列」の数を変更できます。

**18**

「行と列のサイズ」を変更します。

## 19

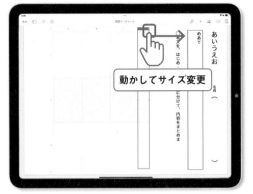

「行」や「列」を選択した状態で、端の2本のバーを
タップしながら動かすと、サイズを変更できます。

## 20

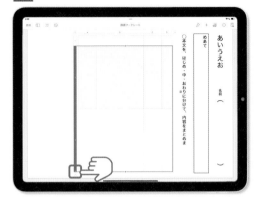

「行」や「列」を複数選択し、まとめてサイズ変更
することもできます。

## 21

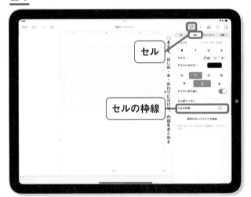

表を選択した状態で「✎」から「セル」を選択し、
「セルの枠線」をタップします。

## 22

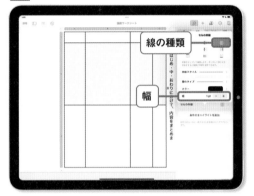

セルの枠線を太くしたい箇所を選択し、「幅」を変更
します。

## 23

「セル」に文字を入力します。

## 24 テキストを複製する

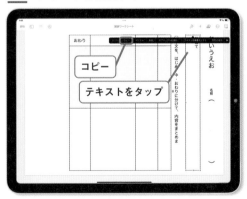

めあてのテキストをタップし、「コピー」を選択しま
す。

**25**

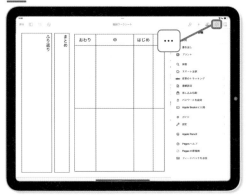

貼り付けたいところをタップし、「ペースト」を選択します。

**26**

文字を書き換えて、「まとめ」「ふり返り」などの欄を作成します。

**27　共有・書き出し・印刷**

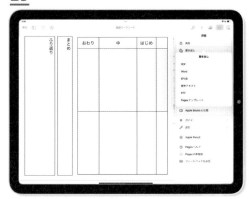

「…」をタップします。

**28**

「共有」をタップすると、Pagesの形式のまま、他のアプリに共有することができます。

**29**

「書き出し」を選択すれば、PDFやWordなどの形式で書き出すことができます。

**30**

「プリント」を選択すれば、印刷をすることができます。

授業活用

# Chapter 3

[授業活用]

# 子どもたちの表現の幅が広がる！

最近では職員・児童共に1人1台のiPadが配布される学校が増えてきました。

また、「ロイロノート」などの学習支援サービスが導入されていると授業での活用の幅がかなり広くなります。

## 授業で活躍するアプリ

iPadには授業で活用できるアプリがたくさんあります。Apple純正アプリである「pages」は、ポスター作りやポップ作り、新聞作りなどが簡単にできます。

その他、Apple純正アプリだけでも以下のような授業で使えるアプリがあります。

● Pages→文書作成
● Keynote→スライド作成
● Numbers→表計算・グラフ作成
● iMovie→動画作成
● Crips→動画作成
● GarageBand→音楽制作

Pages と Keynote のアプリの使い方については後のページで解説しています。

## 子どもたちの取り組みが見える化される

学習支援サービスである「ロイロノート」では、児童一人ひとりの回答を1つの場所に集め、その回答を全員に共有することができます。

この機能を上手く利用することで子どもたちの思考は深まり、教師側も評価しやすくなります。

図工の作品作りは、毎時間撮影して提出させることで、完成までの過程を保存することができます。

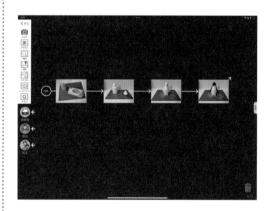

また、撮影した写真に工夫したところやアピールポイントなどを音声で吹き込めば、子どもたちがどのような思考・判断・表現をして作成したのかも評価できます。

今はロイロノート以外にも同じような使い

方ができるサービスがたくさんあります。

　子どもたちにとっても教師にとっても使わない手はありません。

## クイズアプリ「Kahoot!」で授業が盛り上がる！

　世界で約12億人に利用されている「Kahoot!」では、クイズ番組のようなワクワク感を味わうことができます。

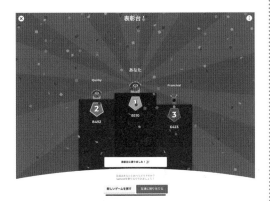

　授業内容に合わせた問題を簡単に作成することができるので、学習の定着を図る際に実施すると効果的です。また、他のユーザーが作成した問題も使用することもできます。

　個人戦・チーム戦・協力戦など色々なモードを選択できたり、宿題として取り組ませたりすることも可能です。

## 準備も楽に

　「教科書や児童に配布するワークシートを拡大印刷し黒板に貼る」というのが一般的ですが、iPadがあればその作業が不要になります。

　ミラーリング機能を使えば、iPadで開いている教科書の画面をテレビ画面に映し出すことができます。

　黒板代わりとして、iPadの画面に書き込みながら授業を進めたり、子どもたちのノートを写真に撮り、全体に見せたりすることもできます。

　ミラーリング機能を使うには、有線と無線のどちらかの方法でテレビと接続する必要があります。有線と無線のメリット・デメリットは次の通りです。

|   | メリット | デメリット |
|---|---|---|
| 有線 | ・接続が簡単<br>・通信が安定する<br>・無線の機材よりも比較的安い | ・ケーブルが短いと不便 |
| 無線 | ・画面から離れていても操作できる | ・接続できない時がある<br>・機材が高い |

　無線で接続する場合は「HDMIケーブル」と「Apple TV」が必要です。また有線で接続する場合は「HDMIケーブル」と「HDMI変換アダプタ」が必要になります。

## 基本は無線・有線は予備で持っておく

　教室内では、iPadを自由に離して使えるようにApple TVを使って無線で接続する方法がおすすめです。

　稀に通信が不安定で接続できない時のために、有線でも接続できる準備をしておくと安心です。

　詳しい接続方法はP.60で解説します。

# 01

接続までの時間
10秒

難易度
★☆☆☆☆

使うツール
Apple TV

アプリケーション

GoodNotes5

# iPadの画面をテレビに ミラーリングする

 ポイント

1. Apple TVで無線ミラーリング
2. 拡大印刷がいらない
3. 2画面のうち片方の画面だけ映すことも可能

 準備

1. Apple TVの初期設定

ミラーリング機能をうまく使いこなせるように なると、授業が確実にわかりやすくなります!

▷ 完成イメージ

## 01

　iPad画面をテレビにミラーリングするには専
用の機材が必要です。（P.6参照）
　ここでは「Apple TV」を使い、無線でテレビ
と接続する方法を解説します。
　Apple TVの初期設定はP.63を参照してくださ
い。

## 02

ホーム画面の右上から、指をスワイプするとコント
ロールセンターが表示されます。

## 03

「Wi-Fi」と「Bluetooth」を両方ともオンにします。

## 04

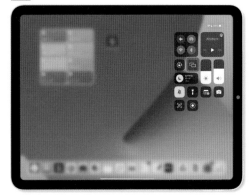

「⧉」をタップします。

## 05

画面ミラーリングと書いてある下の欄に接続可能な
Apple TVの名前が表示されます。

## 06

GoodNotes5に保存済みの教科書を開けば、テレビ
に教科書が映し出されます。

## 07

「⬆」をタップし、ミラーリングのモードを選択します。

## 08　ミラーリングのモード

・**画面全体をミラーリング**…ツールバーを含め、iPad全体の画面が表示される。
・**講演者がみるページをミラーリング**…ノート部分のみ表示される。
・**ページ全体をミラーリング**…画面の拡大・縮小は表示されない。

授業では「講演者がみるページをミラーリング」を選択しておきましょう。

## 09

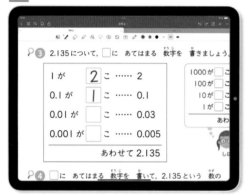

教科書に書き込むところをライブでテレビ画面に映し出すことができます。

## 10

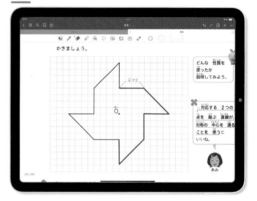

作図の場合も、iPadに描いていくだけでわかりやすく指導することができるのでおすすめです。

## 11　片方の画面のみを映し出す方法

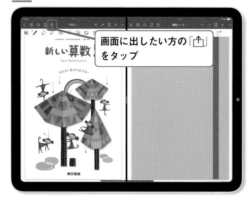

画面をSplit Viewにし、左側の教科書を表示しているGoodNotes5の「⬆」をタップします。

## 12

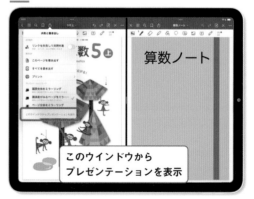

「このウインドウからプレゼンテーションを表示」をタップすると左画面のみが映し出されます。

## 13  AppleTVの初期設定

**【初期設定に必要な物】**
・HDMIポートを搭載したテレビやモニター
・HDMIケーブル（別売り）
・iPhone または iPad
・インターネット回線（初期設定の時のみ）

①Apple TVをテレビやモニターに接続
②「iPhoneで設定」を選択し初期設定を行う

## 14  iPadをApple TVリモコンとして使用する

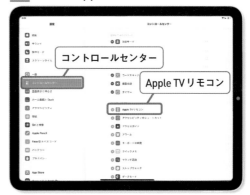

「設定」を開き「コントロールセンター」をタップし、「Apple TV リモコン」を追加します。

## 15

含まれているコントロールに「Apple TV リモコン」が移動すれば設定は完了です。

## 16

コントロールセンターを表示し「Apple TV リモコン」を選択します。

## 17

Apple TV と接続すれば、iPad で Apple TV を操作することができます。

## 18  Apple TVでミラーリングができない時の対処法

・Wi-Fiがオンになっているか確認する
・Bluetoothがオンになっているか確認する
・ホーム画面に戻ってから接続する
・iPadを再起動する
・iPadのソフトウェア・アップデートを行う
・Apple TVのソフトウェア・アップデートを行う

# 02

# Pages で新聞を作成する

かかる時間
**20分**

難易度
★★★☆☆

アプリケーション

Pages

**ポイント**
1. 画像の挿入が簡単
2. 見栄えのよい作品を簡単に作成できる

**準備**　特になし

テンプレートをあらかじめ教師が用意しておけば、子どもたちでも簡単に新聞を作成することができます！

▷ **完成イメージ**

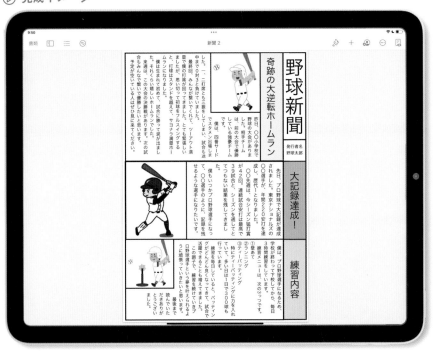

## 01 テンプレートを作成する

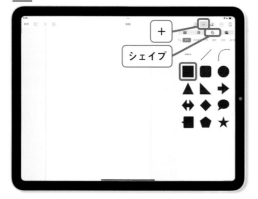

「＋」→「シェイプ」→「■」をタップします。

## 02

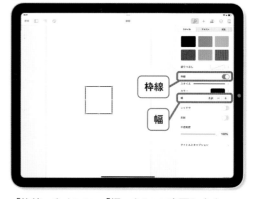

「✐」→「スタイル」→「塗りつぶし」をタップします。

## 03

「なし」をタップします。

## 04

「枠線」をオンに、「幅」を3ptに変更します。

## 05

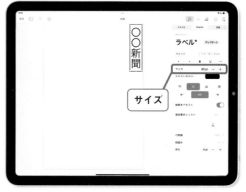

適当な形に変えて、右上に配置します。「テキスト」をタップします。

## 06

テキストを打ち込み、「サイズ」を60ptに変更します。

同様の操作で、「発行者名」のシェイプを追加します。

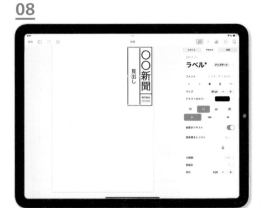

「見出し」のシェイプを追加します。

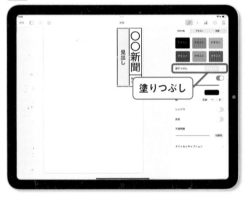

## 09

「塗りつぶし」をタップし、色を変更します。

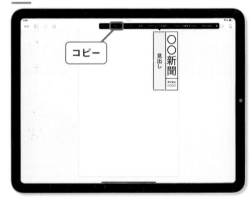

コピー

「見出し」のシェイプをタップし、コピーします。

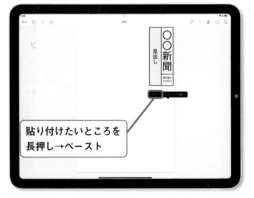

貼り付けたいところを
長押し→ペースト

貼り付けたいところを長押しし、ペーストします。

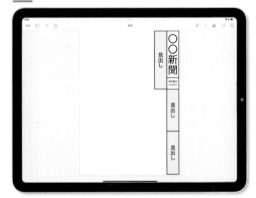

「見出し」のサイズと配置を調整します。

**13**

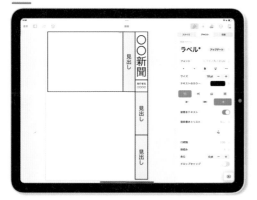

四角のシェイプを追加します。

**14**

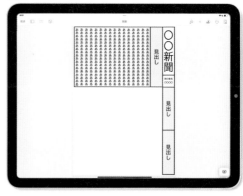

試しに文字を入力してみます。

**15**

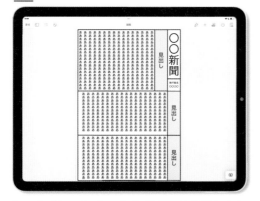

シェイプをコピペし、サイズと配置を調整します。

**16**

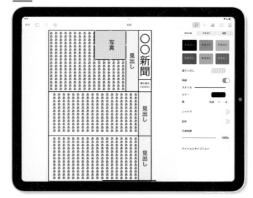

写真を挿入する用のシェイプを追加します。

**17**

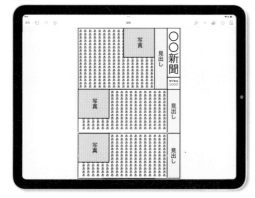

コピペして適当な場所に追加します。

**18**

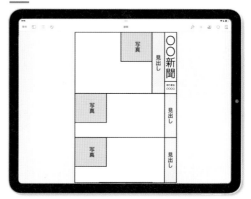

シェイプに入れていた文字を削除します。これでテンプレートの完成です。

### 19 テンプレートセレクタに追加する

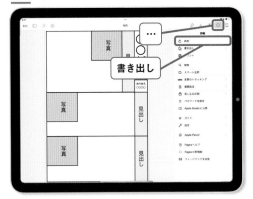

「…」→「書き出し」をタップします。

### 20

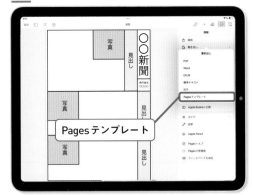

「Pages テンプレート」をタップします。

### 21

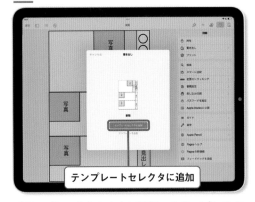

「テンプレートセレクタに追加」をタップします。

### 22

マイテンプレートに追加されました。

### 23 テンプレートを使って新聞を作成する

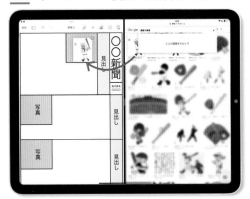

画面を Split View にし、画像を選択しドロップします。
（参考：いらすとや　https://www.irasutoya.com/）

### 24

画像のサイズをシェイプに合わせます。

**25**

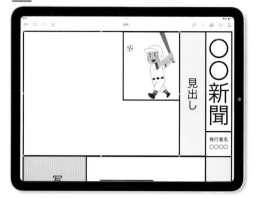

シェイプのサイズを変更します。

**26**

見出しと本文を入力していきます。

**27**

本文を全て選択します。

**28**

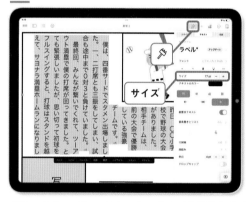

「✎」をタップし、テキストのサイズを調整します。

**29**

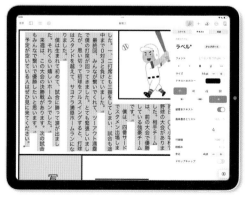

本文がちょうど入るサイズに変更すれば完了です。

**30**

このように簡単に新聞を作成していくことができます。

# 03

かかる時間
15分

難易度
★★☆☆☆

アプリケーション

Keynote

[授業活用]

## Keynoteで単元の
## まとめスライドを作成する

 **ポイント**
1. テンプレートとなるテーマが豊富
2. 様々なアニメーションの効果を追加できる

 **準備** 特になし

Keynoteはプレゼンテーション作成アプリです。豊富なテーマに加え、様々なアニメーションの効果を追加でき、見栄えの良いスライドを作成することができます。ここでは、初めてKeynoteを子どもたちに使わせる時をイメージして解説しています。

▷ 完成イメージ

## 01 Keynoteの指導手順

①基本操作を教えながら1枚のスライドを作成
②慣れてきたらスライドを増やしていく
③スライドを使ってプレゼンテーション
　このような流れで指導していくと、子どもたちも徐々に使い方に慣れていきます。
　①では、「単元で習ったことを1枚のスライドにまとめる」という活動がおすすめです。
　今回は、両生類についてのまとめスライドを作成しながら基本操作を順に解説します。

## 02

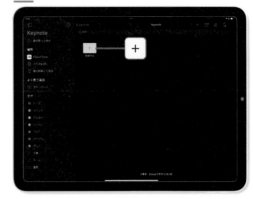

アプリを起動し「＋」をタップします。

## 03

お好みのテーマを選択します。今回は「ベーシックホワイト」を使用します。

## 04

画面上部にある名前をタップし、作成するスライドに合わせた「名称変更」を行います。

## 05

テキストボックスをタップします。

## 06 不要なテキストを削除する

最初からあるテキストボックスを使用しない時は、削除しておきます。

## 07 画像の挿入方法

　画像の挿入は
①カメラロールに保存している画像を挿入する
②Split ViewにしてWEBサイトから直接挿入する
の2つの方法があります。

　②のやり方を覚えておくと効率よく画像を挿入することができるので、子どもたちにも最初に教えておくことをおすすめします。

### 08

画面上部の「…」をタップします。

### 09

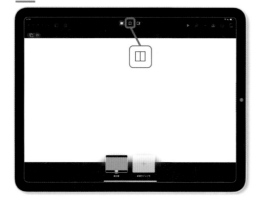

「□□」をタップします。

### 10

「Safari」を選択します。

### 11

挿入したい画像を検索します。

### 12

挿入したい画像を長押しします。
(参考:Frame illust　https://frame-illust.com/?cat=172)

## 13

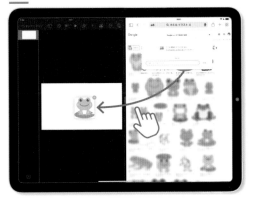

長押ししたまま、画像を左側のスライドにドラッグ
すると画像が挿入されます。

## 14

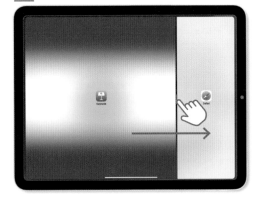

画像挿入後、2画面の中心の縦線をタップしながら右
側にスライドし、Keynoteのみの画面に戻します。

## 15 シェイプの追加

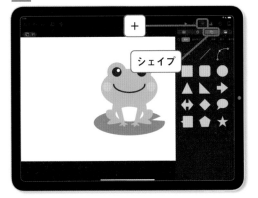

「+」→「シェイプ」をタップします。

## 16

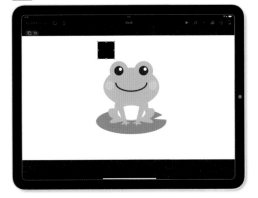

好きな図形を選択するとスライドに追加できます。

## 17

図形を選択した状態で「🖌」をタップし「スタイル」
から図形の色を変更します。

## 18

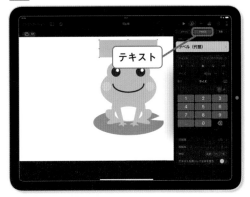

「テキスト」では、フォントや文字サイズを変更す
ることができます。

### 19

図形に文字を入力します。

### 20

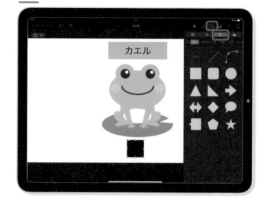

先ほどと同じ手順で、再びお好みの図形を追加します。

### 21

カラーなどを変更し文字を入力します。

### 22

「吹き出し」の図形を追加します。

### 23

カラーを変更し文字を入力します。

### 24

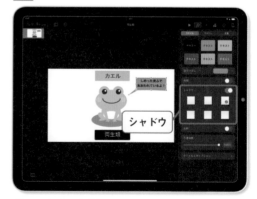

「シャドウ」を選択し、影をつけるとオシャレになります。

**25**

コピー＆ペーストで吹き出しを複製し、文字を打ち替えます。

**26**

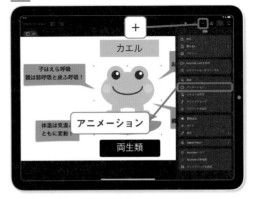

「…」をタップし「アニメーション」を選択します。

**27**

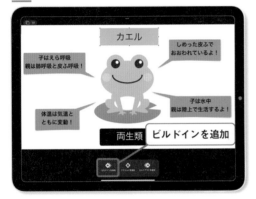

「ビルドインを追加」をタップします。

**28**

イラストや吹き出しにお好みのアニメーションを追加していきます。

**29**

「▶」をタップすれば、スライドショーを再生することができます。

**30** 完成したスライドショーを見る

# 04

かかる時間
10分

難易度
★★★☆☆

アプリケーション

Keynote

[授業活用]

# Keynoteでアニメーションを付けた作品を作成する

**ポイント** 1. アニメーションで図形を自由に動かすことができる

**準備** 特になし

ここでは第3学年の「太陽とかげ」の授業で行うスライド作成を紹介します。動きをつけてイメージさせることでより理解を深めさせることができます。

▷ 完成イメージ

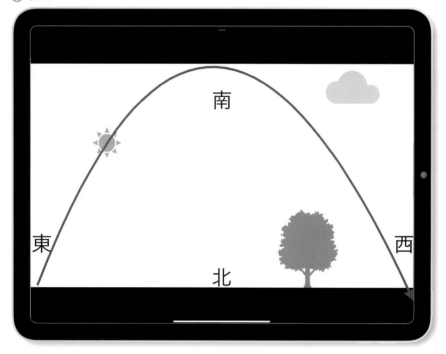

## 01

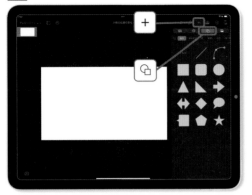

新規スライドを開き、「＋」→「🗗」をタップします。

## 02

「自然」→「☀」をタップします。

## 03

「🪄」→「塗りつぶし」をタップし、お好みの色に変更します。

## 04

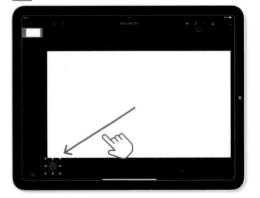

「☀」の位置を左画面下に移動します。

## 05　アニメーションを追加する

太陽をタップし「▶」をタップします。

## 06

「アニメーション」をタップします。

## 07

「アクションを追加」をタップします。

## 08

「パスを作成」をタップします。

## 09

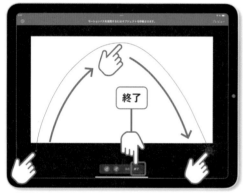

「☀」を動かしたい経路を描き、「終了」をタップします。

## 10

「モーションパス」をタップすると、継続時間などを変更することができます。

## 11　テキストを編集する

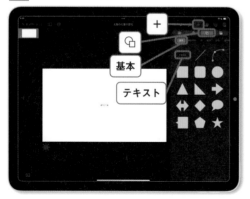

「＋」→「⬚」→「基本」→「テキスト」をタップします。

## 12

「🔧」→「テキスト」をタップし、文字のサイズを変更します。

**13**

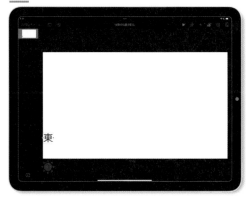

「東」と打ち替え、テキストを左下に移動します。

**14**

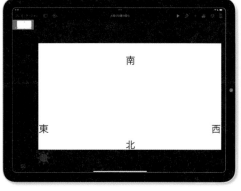

他の方角のテキストも同じように追加します。

### 15 他のシェイプを追加する

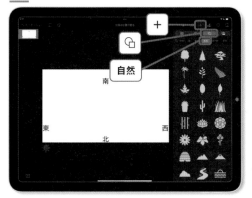

「＋」→「シェイプ」→「自然」をタップします。

**16**

好みのシェイプを自由に追加し、カラーなどを変更
します。

### 17 再生する

「▶」をタップすると、スライドショーを再生する
ことができ、太陽が東から西へ動きます。

### 18 完成したスライドショーを見る

# 05

[授業活用]
# ロイロノートを授業で活用する

難易度
★★☆☆☆

アプリケーション

ロイロノート

 **ポイント**
1. 作品が完成するまでの過程を記録できる
2. カードに音声を録音できる
3. 回答共有すれば全員の作品を見ることができる

 **準備** 特になし

ここでは図工の授業でロイロノートを
活用する方法を紹介していきます!

▷ 完成イメージ

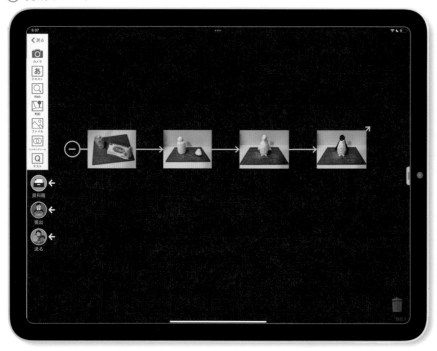

## 01 完成までの過程を記録する

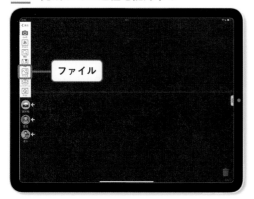

「ファイル」をタップします。

## 02

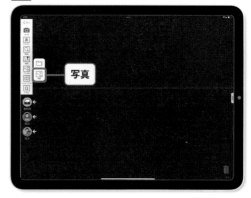

「写真」をタップします。

## 03

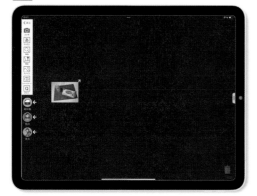

事前に撮影した画像を選択します。

## 04

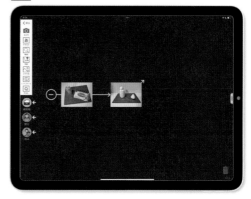

このように毎時間できたところまでを撮影し、カードを繋げておきます。

## 05 ねんどの写真に色をつける

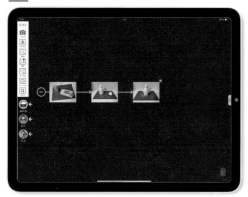

ねんどの完成画像をタップします。

## 06

「…」をタップします。

**07**

このカードを複製

「このカードを複製」をタップします。

**08**

ペン

「ペン」をタップします。

**09**

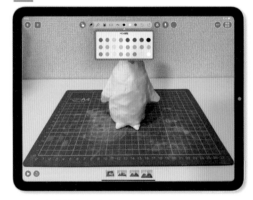

ペンの色を選択します。

**10**

ペンで色をつけていきます。

**11 作品に音声を録音する**

マイク

「マイク」をタップします。

**12**

録音

「録音」をタップします。

**13**

録音できたら「終了」をタップします。

**14**

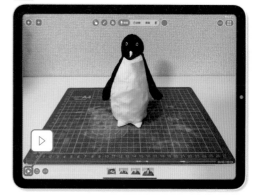

左下の「▷」をタップすれば録音した音声を再生できます。

**15 提出する**

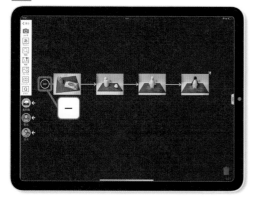

1枚目のカードの左にある「－（マイナス）」をタップし、カードを1つに束ねます。

**16**

「提出」のところにカードを動かし、提出先を選択すれば提出できます。

**17 回答を共有する**

提出箱を開き「回答共有」をタップします。

**18**

「OK」をタップします。これでクラス全員が他の人の回答を見ることができます。

# 06

かかる時間
15分

難易度
★★★☆☆

アプリケーション

Kahoot!

[授業活用]
# Kahoot! を授業で活用する

 ポイント
1. 子どもたちが意欲的に参加
2. 宿題としても活用できる
3. WEB版でも使用可能

 準備
1. 児童用のデバイス

クイズ番組のようなワクワク感で問題を解いていくことができます！
テスト前に、単元のまとめ問題として取り組ませるのもおすすめです！

▷ 完成イメージ

### 01 アカウント作成

アプリを起動し「次へ」をタップします。

### 02

「教師」をタップします。

### 03

「学校」をタップします。

### 04

「サインアップ」をタップします。

### 05

Google アカウントをお持ちであれば「Google で続行する」をタップします。

### 06

「後で」をタップします。

### 07

プロフィール画像を追加します。

### 08

「写真を選択」をタップします。

### 09

写真を選択したら「保存」をタップします。

### 10

名前とユーザー名を追加します。

### 11

これでアカウントの完成です。

### 12 問題を作成する

「kahootを作成」をタップします。

**13**

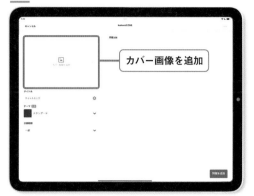

「カバー画像を追加」をタップします。

**14**

画像を選択します。「ギャラリー」から自分のカメラ
ロールにある画像を選択することもできます。

**15**

「保存」をタップします。

**16**

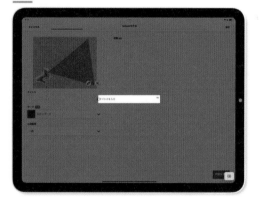

タイトルを入力します。

**17**

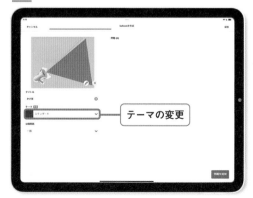

テーマを変更することもできます。

**18**

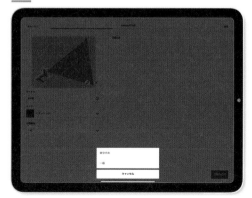

公開設定を選択します。「一般」を選択すれば、作成し
た問題を誰でも使用することができるようになります。

**19**

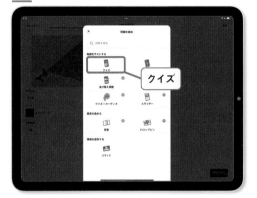

「問題を追加」をタップし、問題の形式を選択します。「クイズ」をタップします。

**20**

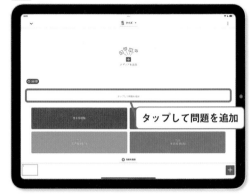

「タップして問題を追加」をタップします。

**21**

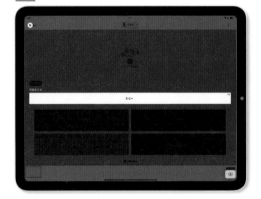

問題を入力します。

**22**

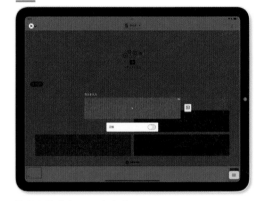

答えを入力していきます。

**23**

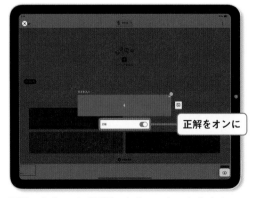

正解の答えには「正解」をオンにしておきます。

**24**

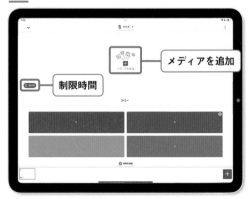

「制限時間」を変更したり、「メディアを追加」したりすることもできます。

**25**

右下の「＋」から、次の問題を作成することができます。次は「○×問題」を作成してみます。

**26**

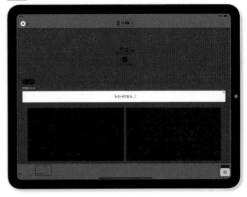

問題を入力します。

**27**

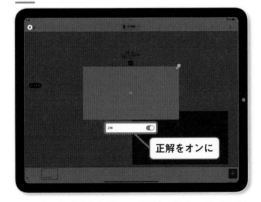

クイズの作成時と同様に、正解の答えには「正解」をオンにしておきます。

**28**

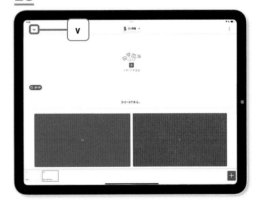

問題が完成したら、左上の「v」をタップします。

**29**

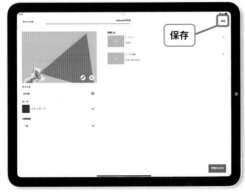

作成した問題の一覧を確認し、間違いがなければ「保存」をタップします。

**30**

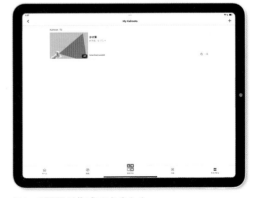

これで問題が作成できました。

### 31 クラスでクイズ大会をする

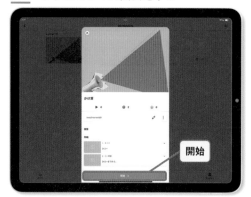

開始

作成した問題を選択し「開始」をタップします。

### 32

ライフゲーム

「ライフゲーム」をタップします。宿題に出す場合
は「割り当て」を選択します。

### 33

歯車マーク

右下にある「歯車マーク」をタップします。

### 34

問題と回答の表示をオンに

「問題と解答の表示」をオンにしておき、児童のデ
バイスにも問題が表示されるようにしておきます。

### 35

クラシックモード

ゲームモードを選択します。1人ずつ参加させる場合
は「クラシックモード」をタップします。

### 36

児童はQRコードを読み取るか、PINコードを入力し
てゲームに参加することができます。

**37**

ゲームのPINをタップし、問題のリンクをコピーしてから、児童に共有する方法もあります。

**38** PINコードを入力してゲームに参加する（児童の画面）

アプリを起動し「参加する」をタップします。

**39**

教師が提示したPINを入力し、ニックネームを入力すれば参加できます。

**40** 問題を検索する

「発見」をタップします。

**41**

公開されている問題を検索し、使用することができます

**42**

正解数だけでなく答えるスピードも得点に加味され、問題ごとに順位が入れ替わるのでとても盛り上がります。

スケジュール管理

# Chapter 4

# スケジュールをiPadに統一！

iPadを購入してから、カレンダー・週案・タスクなどのスケジュール管理は全てiPadで統一するようになりました。

iPadでスケジュール管理をするメリットは次の通りです。

- ●手帳がいらない
- ●通知を受け取ることができる
- ●写真を貼り付けることができる
- ●書き直しが楽
- ●Apple pencil1本でマーカー・色ペンなどを使い分けられる

## 先の予定をどんどん書き込める

これまでは、ルーズリーフをファイルにはさむ形で週案を管理していました。

ページの取り外しができるので便利なのですが、書き直しの不便さ、穴を開ける面倒さを感じていました。

iPadだと、書き直しが楽なので次々と先の予定を書き込むことができます。

先の予定を立てることができれば見通しが立ち、余裕をもって仕事を進めていくことができます。

簡単な画面操作で必要な書類を週案データに差し込んだり、貼り付けたりすることもできます。

## 通知でタスクを受け取る

Apple純正の「リマインダー」というタスク管理アプリを使用すれば、その時やらなければいけないタスクを通知で知らせてくれます。

たとえば、朝の会で子どもたちに必ず伝えないといけないことなどを、リマインダーに追加しておきます。朝の会の時間に通知設定しておけば、伝え忘れる心配もなくなります。

これはまさにデジタルの強みと言っていいでしょう。

## iCloud同期でApple Watchとも同期

リマインダーをiCloud同期しておけば、iPhoneやApple Watchなど、他のアップルデバイスと同期させることができます。

そのため、iPadで追加したタスクをiPhoneから確認したり、Apple Watchで通知を受け取ったりすることができます。

通知は手首の振動のみで受け取ることができるので、音が出なくても確実に気付くことができます。

## カレンダーの最強アプリ「FirstSeed Calendar for iPad」を使いこなす

日々のスケジュールは「FirstSeed Calendar for iPad」というカレンダーアプリで管理しています。

有料アプリですが、買い切りなので購入時の1200円しかかかりません。スケジュール帳を1冊買うと思えば安いものです。

iPhone用のFirstSeed Calendarもインストールしておけば（無料版）、iPhoneからでも予定を確認することができます。

## FirstSeed Calendar for iPadのいいところ

- ●日・週・月・年の表示が可能
- ●仕事用とプライベート用のカレンダーを切り替えて管理できる
- ●リマインダーやzoomの予定などが自動的に反映される
- ●予定の移動や複製が簡単
- ●月表示のウィジェットを追加できる

使い方の解説は、P.106で詳しく解説しますが、特に重宝している機能が他のアプリの予定も一括で管理できるところと、月表示のウィジェットを追加できるところです。

手持ちのスケジュール帳であれば、To Doリストやzoomの時間など、いちいちメモしないといけないところを、各アプリとの同期をオンにしておくだけで自動的に予定が反映されます。

また、FirstSeed Calendar for iPadでは、ウィジェットの表示形式が25種類もあります。「ウィジェット」とは、アプリを開くことなくホーム画面上に表示しておける機能のことです。

月表示のウィジェットを追加しておけば、わざわざアプリを起動しなくても、iPadを開くだけで予定を確認できます。

# 01

# 週案を作成・管理する

かかる時間
15分

難易度
★★☆☆☆

アプリケーション

Adobe scan
GoodNotes5

**ポイント**

1. 先の予定をどんどん書き込める
2. 時間割の変更が簡単
3. 週案の間にプリントを差し込める

**準備**

1. 週案のテンプレート

週案は手書きと同じ感覚で使うのがポイントです！
何枚でも複製できるのはデジタルのいいところ！

▷ 完成イメージ

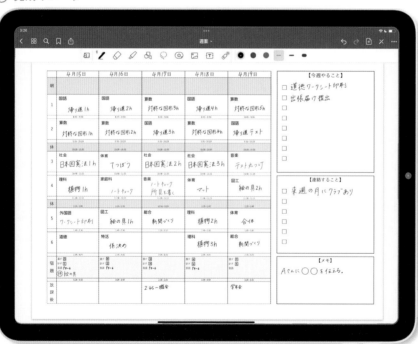

## 01

　iPadで週案を管理する前に、週案のテンプレートを作成する必要があります。今まで紙で使用していたものを「Adobe scan」などのスキャンアプリでスキャンし、使用する方法もあります。

　また、本書末のダウンロード用QRコードから、週案テンプレートをダウンロードすることもできるので、ご自由に使用してください。

　本書では、GoodNotes5で週案を管理する方法を解説します。

## 02　週案のテンプレートをGoodNotes5に保存

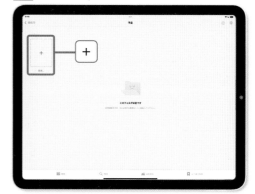

GoodNotes5を開き、「+」をタップします。

## 03

「読み込む」を選択します。

## 04

あらかじめファイルに保存しておいた週案のテンプレートを選択します。

## 05　時間割を入力する

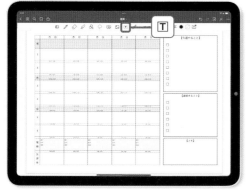

GoodNotes5に保存したら、時間割を入力していきます。ツールバーにある「T」を選択します。

## 06

テキストに教科名を入力します。

**07**

この作業を繰り返していきます。

**08**

ここでは「算数」を複製するので、その文字の周りを囲む

「◌」を選択し、複製したい教科名を囲みます。

**09**

長押し→コピー

囲んだところを長押しします。すると黒い吹き出しが出てくるので「コピー」を選択します。

**10**

長押し→ペースト

貼り付けたいところを長押し→「ペースト」をタップし、コピーした教科名を貼り付けます。

**11**

この作業を繰り返していきます。

**12**

基本の時間割が完成したら、このページを複製します。左上の「⊞」をタップします。

**13**

ページの右下にある「V」をタップし「複製」を選択します。

**14**

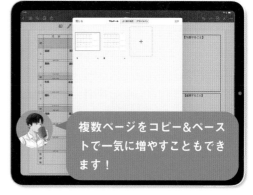

これを繰り返し、ページ数を増やしていきます。

**15**

ある程度ページ数を増やすことができたら、再度1ページ目を開きます。

**16**

日にちや授業の内容などをApple Pencilで書き込んでいきます。

**17**

　本書では時間割をテキストで入力する方法を紹介しましたが、あらかじめテンプレートを作成する段階で時間割を入力しておく方法もあります。

　iPadで週案を管理することで時間割の変更があった際にも瞬時に書き変えることができます。やり方は右側のQRコードから動画を参照して下さい。

**18** 動画

# 02

難易度
★★☆☆☆

アプリケーション

リマインダー

# リマインダーで
# タスクを管理する

**ポイント**
1. タスクは全てリマインダーで管理
2. Apple Watchと同期して通知を受け取れる
3. ウィジェットに追加できる

**準備** 特になし

> 通知設定しておけば「やることを覚えておかないと…！」というストレスから解放されます！

▷ **完成イメージ**

## 01 iPadの事前設定

リマインダーを使用する前に、3つの設定が必要です。
①通知設定をオン
②iCloudをオン
③正確な位置情報をオン
　順番にやり方を解説します。

## 02 ①通知設定をオンにする

設定を開き、「リマインダー」をタップします。

## 03

「通知を許可」をオンにしておきます。

## 04

すると、iPadをロックしている状態でもこのように通知を受け取ることができます。

## 05 ②iCloudをオンにする

名前のところをタップします。

## 06

次に、「iCloud」をタップします。

## 07

「リマインダー」をオンにします。

## 08

　iCloudをオンにしておくことで、iPhoneや Apple Watchなど、他のAppleデバイスとも同期されます。すると、Apple Watchからリマインダーを追加したり確認したりすることができるのでとても便利です。

## 09 ③正確な位置情報をオンにする

「リマインダー」 → 「位置情報」をタップします。

## 10

「このAppの使用中のみ許可」にチェックを入れ、「正確な位置情報」をオンにします。

## 11

　正確な位置情報をオンにしておくことで、学校や自宅など特定の場所に着くと通知されるようにタスクを設定することができます。(右側の画像を参照)

　朝に行うタスクは、学校到着時に通知されるよう、あらかじめ設定しておくと便利です。

## 12

「場所」をオンにして、到着時の場所を設定すると、その場所に着いた時に通知されます。

## 13 マイリストの追加方法

「リストの追加」をタップします。

## 14

カラー・アイコン・リスト名を決めて「完了」をタップすると、新しいリストを追加できます。

## 15 タスクの追加方法

マイリストから、タスクを追加したいリストを選択し、左下の「＋新規」をタップします。

## 16

タスクを入力します。タスクの右端にある「i」をタップします。

## 17

詳細を設定することができます。

## 18

タスクを行う日付を設定します。

## 19

通知を受ける時刻も設定しておきます。

## 20

日時以外にもタグや場所、優先順位をなどを設定することもできます。

## 21

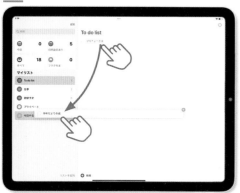

タスクをドラッグ＆ドロップすれば、他のマイリストに移動することもできます。

## 22

完了したタスクは「○」をタップすれば削除されます。

## 23　画像を追加する方法

「画像を追加」をタップし、写真ライブラリをタップします。

## 24

追加したい写真を選択します。

**25**

するとタスクに画像を追加できます。

**26**

画像をタップすると、追加した画像を確認することができます。

**27　リマインダーをウィジェットに追加する方法**

ホーム画面を長押しし、左上に出てくる「＋」をタップします。

**28　タスクの追加方法**

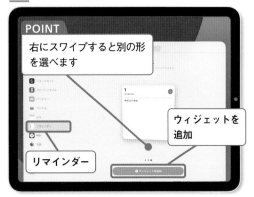

ウィジェットのサイズを選択します。今回は正方形の形をしたウィジェットを追加します。

**29**

ホーム画面にリマインダーのウィジェットをつくることができました。

**30**

ウィジェットに追加しておくと、すぐにタスクを確認できるのでおすすめです。また、表示させたいマイリストを変更することも可能です。方法は以下から動画を参照してください。

# 03

難易度
★★★☆☆

アプリケーション

FirstSeed
Calendar for iPad

# カレンダーアプリで
# スケジュールを管理する

**ポイント**
1. 色わけで予定の種類をわかりやすく
2. リマインダーやzoomなどのアプリと同期
3. ウィジェットに追加できる

**準備**　特になし

FirstSeed Calendar for iPadは、買い切りの有料アプリです。純正アプリでも十分便利ですが、月表示のウィジェットを追加できるという点（やり方は後ほど解説）や細い表示形式を選択できることなどから、このアプリを使用しています。

▷ **完成イメージ**

## 01

FirstSeed Calendar for iPadでは、「日」「週」「月」「年」の表示が可能です。

## 02

週表示の「スタンダード」では、縦にも横にもスクロールができ、より素早くできます。

## 03　予定の入力方法

予定を入力したい日を長押し→「新規予定」をタップ。右上の「＋」からでも入力できます。

## 04

予定を入力します。次に色をタップします。

## 05

あらかじめ予定の種類を登録しておき、その予定によって色を変更します。

## 06

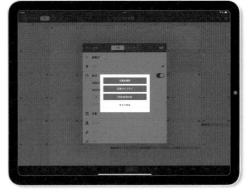

「添付ファイル」をタップすると画像を添付しておくことができます。

終日をオフ

時間を指定

「終日」を「オフ」にし、何時から何時までと時間を指定して予定を登録することもできます。

予定をタップすると詳細が確認できます。

## 09 リマインダーの登録

オン

設定を開き、Calendarsを選択後「カレンダー」と「リマインダー」をオンにしておきます。

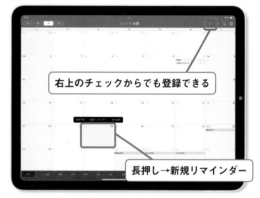

右上のチェックからでも登録できる

長押し→新規リマインダー

リマインダーを登録したい日を長押しし、「新規リマインダー」をタップします。

タスクを入力し、通知を受け取る時間を指定します。

するとこのようにカレンダーにタスクを保存することができます。

Chapter 4 スケジュール管理

**13**

リマインダーアプリと同期しているので、ここにも
しっかり表示されています。

**15**

すると、カレンダーアプリを介してzoomで追加した
予定も自動的に反映されます。

**17**

「カレンダーセット」をオンにします。

## 14 zoomの予定を追加

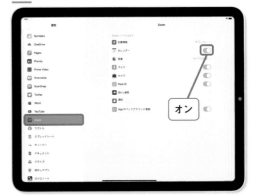

設定を開き、zoomを選択後「カレンダー」をオン
にしておきます。

## 16 プライベートカレンダーと切り替える

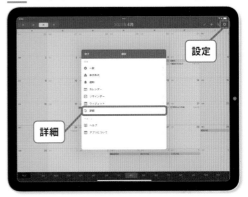

右上にある「設定」をタップし「詳細」を選択しま
す。

**18**

「設定」に戻り「カレンダーセット」を選択します。

**19**

**編集**

「編集」→「カレンダーセットを追加」で新しいカレンダーセットを追加できます。

**20**

**名前を変更**

**表示させたい項目のみチェック**

**MEMO**
「編集」→「カレンダーを追加」で新しい項目を追加することもできます。

カレンダーセットの名前を変更し、表示させたい項目だけチェックを入れます。

**21**

**カレンダー**

右上にある「カレンダー」のマークをタップします。

**22**

先ほど作成したカレンダーセットを選択すると、指定していない項目の予定はすべて非表示になります。

**23**

試しに予定を追加してみます。予定の色をタップします。

**24**

すると、表示可能な項目しか選択できないようになっています。

**25**

「保存」をタップします。

**26**

このように「仕事用」「プライベート用」とカレンダーを変更できるのも FirstSeed Calendar のいいところです。

**27 カレンダーをウィジェットに追加する方法**

まずは、追加したいホーム画面のページを長押しし、左上にある「＋」をタップします。

**28**

「Calendars」を選択し、どの種類のウィジェットを追加するか決めます。

**29**

形を決めたら「ウィジェット」を追加をタップします。

**30**

すると、ホーム画面にカレンダーのウィジェットが追加されます。

書類作成

Chapter 5

# 書類関係はテンプレート化して効率良く作成！

校務分掌の書類、学年通信、学級通信など、書類関係にも色々なものがあります。それらの書類を効率よく作成するには、いかに「テンプレート化」できるかがポイントになります。

iPadを使用することで、いつでもどこでも手軽に作業でき、隙間時間に効率よく作成することができます。

## iWork で編集

多くの学校では、Office ソフトと呼ばれる Word・Excel・PowerPoint を使用して書類を作成しているのではないでしょうか。

iPadでも Word・Excel・PowerPoint を使用することはできますが、無料版では編集をすることができません。

そこで、iPadで書類を作成・編集するときは、Apple が開発したソフトウェアである iWork のアプリを使用します。

○Word→Pages
○Excel→Numbers
○PowerPoint→Keynote

iWork は Office ソフトとの互換性が高く、元々 Word で作成されていた書類を Pages で編集するといったことも可能です。

そのため、昨年度の引き継ぎ資料が Word データで保存されている場合でも、4月のうちに iPad 内の Pages に全て保存しておけば、いつでも編集することができます。

逆に Pages で作成・編集した書類を Word に書き出すことも可能です。

## 自分でテンプレを作成

学級通信など自分で1から作成していく書類も、iPadで作成する方が圧倒的に効率が良いです。

例えば「Pages」を使えば、用途に合わせた様々なテンプレートがあり、誰でも簡単に書類を作成することができます。

また、自分でテンプレートを作る機能もあるため、学級通信など、タイトルや見出しの形式が毎回同じ場合は、2回目以降の作成がかなり楽になります。

このように書類関係は、テンプレート化して効率よく作成することをおすすめします。

## 手書きにこだわりたい人 は GoodNotes5 で

「学級通信は手書きで書きたい…！」という

方には、「GoodNotes5」での作成をおすすめします。GoodNotes5は手書きのノートアプリです。

Pagesと同じようにテンプレ化しておき、紙に書くのと同じようにApple Pencilで文字を書いて作成します。

紙と違って、文字の書き直しや画像の挿入も簡単に行えるので、書くという同じ作業でも短い時間で仕上げることができます。

iPadで文字が上手く書けないという方は、iPadの画面カバーを「ペイパーライクフィルム」に変えてみてください。ガラスカバーであれば、ペンが滑ってしまうことがありますが、ペーパーライクフイルムでは、ほぼ紙と同じような感覚で文字を書くことができます。

## 反省用紙・アンケートはGoogleを使用

反省用紙やアンケートなどの書類は、「①記入用紙を作成→②用紙を配布→③回答を書いてもらう→④回収→⑤回答を集計→⑥回答結果の文書作成」と、なんと6段階もの手間が発生します。

これを「Googleドキュメント」や「Googleフォーム」を使って行えば、その手間が一気に減ります。もちろん集計も自動でやってく
れます。

Googleはインターネット環境があればどのデバイスからでもログインできるので、学校に配布されているiPadや自身のスマホからでも、アンケートを作成・回答することができます。

部会等で「これはアンケートをとってみようか」などと話が上がった際には、その場でサクッとiPadでアンケートフォームを作成してしまいましょう。

## iPadの音声入力機能を使う

iPadでは、音声入力機能が使えます。パソコンでも音声入力が可能なものはありますが、職員室内で声を出しながら書類作成を行うわけにはいきません。

iPadなら誰もいない教室に移動し、音声入力でサクッと書類を作成できます。

また、iPadの音声入力の精度はかなり高く、ほとんどミスなく入力することができ、漢字変換も自動で行ってくれます。

タイピングが遅い人でも、素早く書類を作成することができるのでおすすめです。タイピングができない低学年の児童にも音声入力をすすめています。

# 01

かかる時間
**10分**

難易度
**★★☆☆☆**

アプリケーション

**ファイル**
pages

[書類作成]
# Wordデータの書類を iPadで編集する

 1. 元データがWordでも問題なし
2. iPadならどこでも作成できる

 1. Wordデータの書類

 iPadなら教室でも書類作成が可能！4月のうちに昨年度の引き継ぎ資料などを全てiPadに保存しておきましょう！

## ▷ 完成イメージ

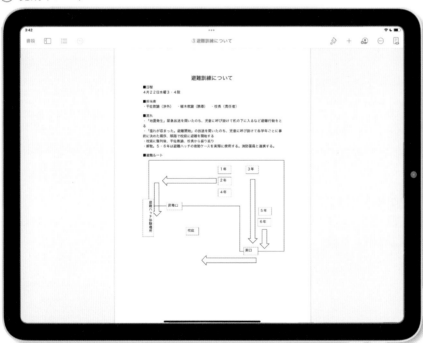

## 01 Wordデータをpagesで開く

あらかじめファイルアプリに保存しておいたWord
データを長押しし「共有」をタップします。

## 02

Pagesを選択します。PagesはWordとの互換性があり、
簡単な書類であればPagesでも十分に編集できます。

## 03 Pagesの書類をWordに書き出す方法

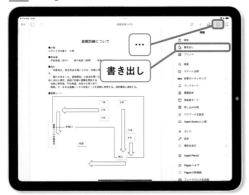

編集し終えたら「…」をタップし「書き出し」をタ
ップします。

## 04

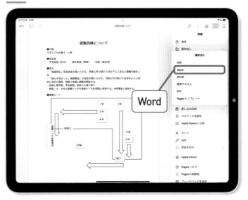

「Word」を選択します。

## 05

互換性のない機能を使用している場合は「書き出しの詳
細」がでてきます。そのまま「続ける」をタップします。

## 06

ファイルに保存します。

# 02

## ［書類作成］
# アンケート・反省用紙を作成する

かかる時間
10分

難易度
★★☆☆☆

アプリ・サービス
Google フォーム
Google ドキュメント
Google スプレッド
シート

**ポイント**
1. 簡単＆すぐに作れる
2. どの端末からでも回答できる
3. 自動集計・グラフで回答を確認できる

**準備**
1. Googleアカウントを作成

ここでは簡単なアンケート作成方法を解説します！
使い方に慣れてきたら色んな回答の仕方を試してみてください！

▷ 完成イメージ

## 01 Googleフォームでアンケートを作成する

まずはブラウザで「Google フォーム」を開き、「フォームに移動」→Google アカウントにログインします。

## 02

「空白」をタップします。

## 03

「😊」マークをタップし、「次へ」をタップすると、テーマを選択することができます。

## 04

テキストスタイルやヘッダー画像の追加、色の変更などを行うことができます。

## 05

アンケートの名前を入力します。

## 06

質問内容を入力します。

**07**

回答の仕方を選択します。

**08**

必須

回答が必須の質問の場合は、必須を「オン」にして
おきます。

**09**

「+」

「+」をタップし、質問を追加します。先ほどと同じ
ように、質問内容を入力し、回答の仕方を選択します。

**10**

送信

アンケートが完成したら、「送信」をタップします。

**11**

メールアドレスを収集する

「メールアドレスを収集する」のチェックを外します。
さらにフォームの送信方法を選択します。

**12**

Google classroomなど、リンクを共有できる媒体が
あれば、リンクでの送信がおすすめです。

## 13 作成したフォームのQRコードを作成する

　校内でデジタルがあまり普及しておらず、紙ベースでやりとりしている場合は、作成したフォームのQRコードを作成し、紙媒体の書類に貼り付けて共有する方法があります。

　急にデジタルに移行することが難しいと感じる方は、まずこのやり方を試し、徐々に紙を減らしていけるようにしていくことをおすすめします。

## 14

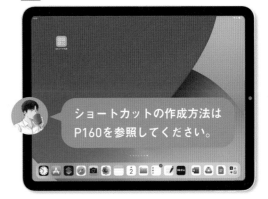

まず、ホーム画面に追加しておいた「QRコード作成」のショートカットをタップします。

## 15

テキストに先ほどコピーしたリンクを貼り付けます。

## 16

一瞬でQRコードが作成されます。「⬆️」をタップし「画像を保存」します。

## 17 Googleドキュメントで書類を作成する場合

　次に作成したQRコードを貼り付ける書類を作成します。

　今回は、Googleの文書作成ソフト「ドキュメント」を使用した方法を解説します。ドキュメントでは、作成中のデータがこまめに自動保存されたり、共同作業ができたりと、使いこなすことができればとても便利です。

　もちろん、使い慣れているWordやPagesなどで作成しても構いません。

## 18

Googleドキュメントを開きます。

**19**

右下にある「＋」をタップし「新しいドキュメント」を開きます。

**20**

ファイル名を入力し、「作成」をタップします。

**21**

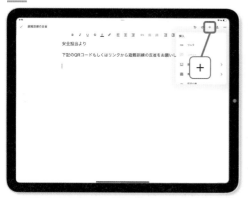

右上の「＋」をタップし、先ほど保存したQRコードの画像を挿入します。

**22**

iPadでは、このまま画像のサイズを変更できないので、右上の「…」をタップします。

**23**

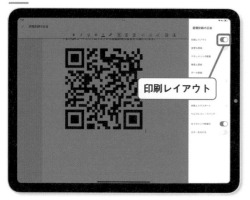

「印刷レイアウト」をオンにすると画像サイズを変更することができます。

**24**

画像のサイズを変更できたら、Googleフォームのリンクも一応貼り付けておきます。

**25**

「…」をタップし「共有とエクスポート」を選択します。

**26**

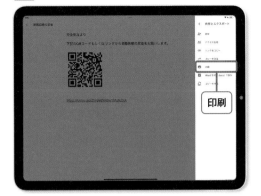

「印刷」をタップして、紙媒体で配布します。

## 27 回答結果の確認・書き出し

先ほど作成したアンケートの編集画面を開きます。

**28**

「回答」をタップすると回答状況を確認することができます。

**29**

スプレッドシートのアイコンをタップします。

**30**

この後に回答された結果もスプレッドシートにリアルタイムで反映されていきます。

すると、このように回答の結果を書き出すことができます。

[書類作成]

# 学級通信をPagesで作成する

かかる時間
15分

難易度
★★★☆☆

アプリケーション

Pages

**ポイント**

1. テンプレートを作成すれば2回目以降の作成が楽
2. 音声入力で高速文章入力
3. PDFに書き出してデータ共有

**準備**　特になし

効率よく学級通信を作成したい人はPagesがおすすめです！
デザイン性のある学級通信が作れます！

▷ **完成イメージ**

## 01

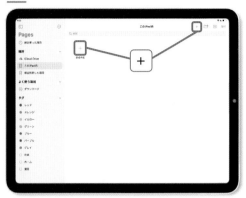

Pagesアプリを起動し、新規追加の「＋」もしくは、右上の「＋」をタップします。

## 02

基本にある「空白」をタップします。

## 03

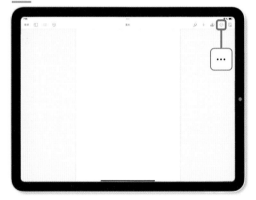

右上の「…」をタップします。

## 04

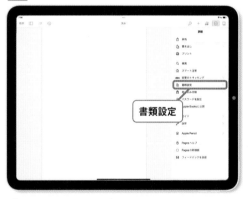

「書類設定」をタップします。

## 05

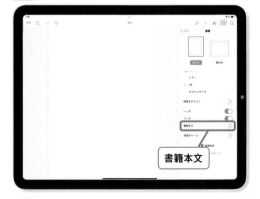

「書籍本文」をオフにして、本文に直接文字を入力できないようにします。

## 06

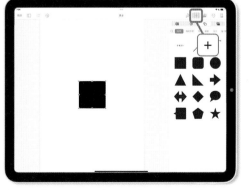

右上の「＋」をタップし、四角の図形を選択します。

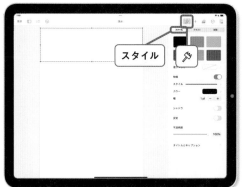

図形を選択した状態で、「✎」→「スタイル」をタップし、色の変更や枠線の追加を行います。

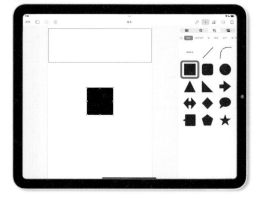

同じように、四角の図形を追加します。

## 09

先ほどと同様に、「✎」をタップし、図形の編集を行います。

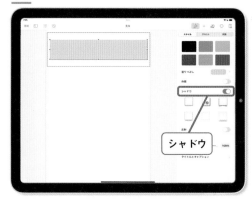

「シャドウ」をオンにすると影がつきます。

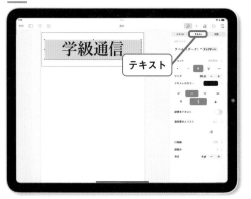

「テキスト」のサイズや、文字の位置などを決め、図形の中に文字を入力します。

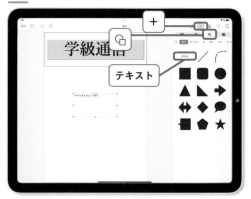

「+」→「⬚」をタップし「テキスト」を追加します。

## 13

年組、サブタイトル、日にち、号のタイトルなどを
入力できるテキストをお好みで作成しておきます。

## 14

本文を入力するテキストも用意しておきます。文字
のサイズや位置なども決めておきます。

## 15

テキストをコピーして、他の場所にも本文を入力で
きるスペースを用意しておきます。

## 16

「＋」→「🖼」をタップし「写真またはビデオ」か
ら挿入したい画像を選択します。

## 17

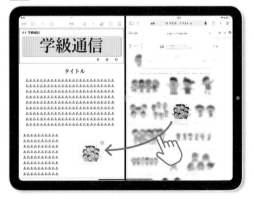

画面をSplit Viewにし、WEBサイトの画像をドラッグ＆
ドロップで挿入することもできます。(参考:いらすとや)

## 18

サイズや配置場所を微調整して完成です。

## 19 音声入力でテキストを入力する

設定を開き「一般」をタップします。

## 20

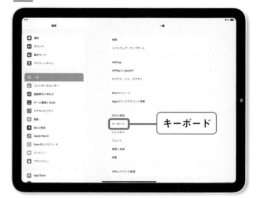

「キーボード」をタップします。

## 21

「音声入力」をオンにしておきます。

## 22

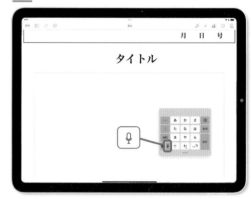

「🎤」マークをタップします。

## 23

iPadにキーボードをつけている時は、下の方に「🎤」
マークが表示されます。

## 24

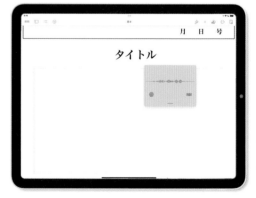

このような表示になれば、音声入力が可能です。

**25　マイテンプレートを作成する**

「…」をタップし、「書き出し」を選択します。

**26**

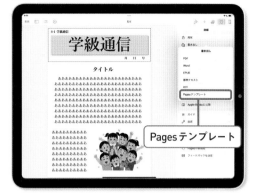

「Pages テンプレート」を選択します。

**27**

「テンプレートセレクタに追加」をタップします。

**28**

すると、テンプレートを選択するページの1番下に
「マイテンプレート」として保存されます。

**29**

長押しして削除や共有することもできます。

**30　印刷する**

「…」をタップし、「プリント」を選択すれば印刷で
きます。

# 04

[書類作成]

# 学級通信をGoodNotes5で作成する

かかる時間
15分

難易度
★★★☆☆

アプリケーション

GoodNotes5
Pages

 **ポイント**

1. テンプレートを作成すれば2回目以降の作成が楽
2. 保存も楽で見返すのも容易
3. 音声入力で高速文章入力
4. PDFに書き出してデータ共有

 **準備**

1. pagesで作成したタイトルデザイン

「学級通信は手書きがいい！」という人はGoodNotes5での作成がおすすめです。全てiPadで作成しているとは思えないほどのクオリティ！

▶ 完成イメージ

**01** 学級通信用のノートを作成する

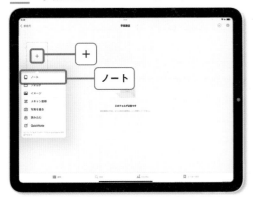

「+」をタップし「ノート」を選択します。

**02**

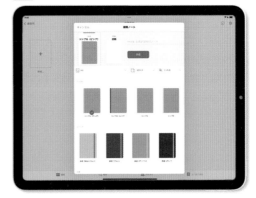

表紙を選択します。

**03**

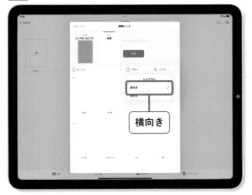

用紙のレイアウトを「横向き」にします。

**04**

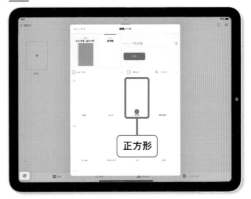

用紙の種類は「正方形」を選択します。

**05**

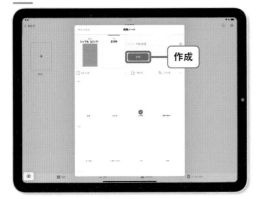

タイトルを入力し「作成」をタップします。

**06**

これで学級通信用のノートが完成しました。

## 07 テンプレートを作成する

　Pagesで作成する時と同様に、GoodNotes5で作成するときにもテンプレートを作成しておくと2回目以降の作成が楽になります。
　GoodNotes5ではPagesのような図形の編集ができないので、Pagesで作成したタイトルデザイン（P.124を参照）をGoodNotes5に貼り付ける形で作成していきます。

## 08

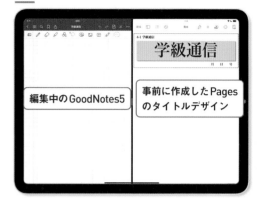

画面をSplit Viewにして、GoodNotes5とPagesを開きます。

## 09

Pagesで作成したタイトルデザインを全て選択します。

## 10

選択したタイトルデザインを左画面にドラッグ＆ドロップします。

## 11

手を離すとノートに貼り付けることができます。

## 12

サイズと配置を微調整してテンプレートの完成です。

Chapter 5　書類作成

**13** 縦向きのテンプレートを作成

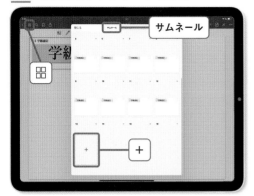

「サムネール」を表示し「＋」をタップします。

**14**

「テンプレートからその他の選択肢」をタップします。

**15**

レイアウトを「縦向き」に変更します。

**16**

「方眼紙」を選択します。

**17**

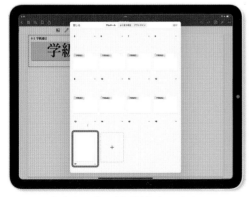

すると、縦向きの方眼紙が追加されます。

**18**

タイトルデザインを他のページからコピー＆ペーストすれば、縦向きのテンプレートの完成です。

### 19 テンプレートを複製する

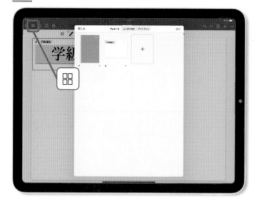

左上の「⊞」のマークをタップして「サムネール」を表示します。

### 20

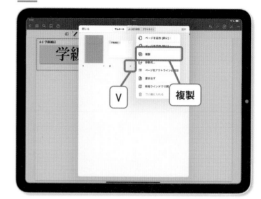

複製するページの右下にある「V」をタップし「複製」を選択します。

### 21

これを繰り返していきます。

### 22

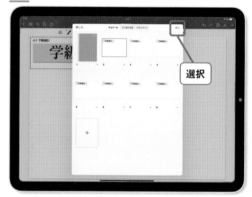

ある程度テンプレートを増やせたら右上の「選択」をタップします。

### 23

「すべてを選択」をタップします。

### 24

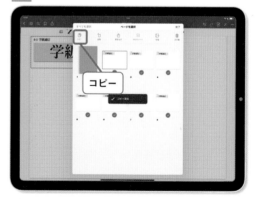

「コピー」をタップします。

**25**

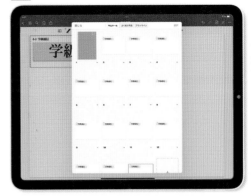

「＋」をタップし「ページをペースト」を選択します。

**26**

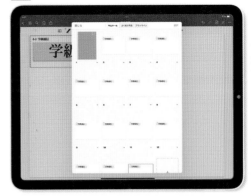

一気にテンプレートを増やすことができます。

**27　ペンの太さを変える**

「ペン」を選択した状態で、ツールバーの右側にある横線を選択すると、太さを変更できます。

**28**

マスに合わせながら書き進めていきます。

**29　文字を移動させる**

「◯」を選択し、文字を丸で囲みます。

**30**

これは紙ではできないので、デジタルの良さですね！

すると書いた文字を自由に動かすことができます。

## 31 オリジナルスタンプを作成する

ツールバーにある「☆」マークを選択し、「+」をタップします。

## 32

タイトルを入力します。

## 33

「写真を追加」をタップします。

## 34

カメラロールに保存してある画像を選択します。

## 35

すると、このようにオリジナルスタンプを作成できます。

## 36

スタンプを選択すると、このようにノートに貼ることができます。

## 37 オリジナルスタンプを削除する

スタンプ名（先生のアイコン）をタップします。

## 38

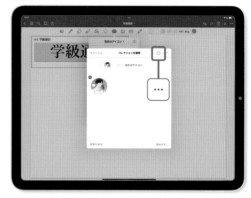

「…」をタップします。

## 39

「コレクションを削除」をタップします。

## 40

「削除」をタップすれば、オリジナルスタンプを削除することができます。

## 41 完成した学級通信を印刷する

「□」をタップし「プリント」を選択します。

## 42

「このページをプリント」をタップし、プリンターを選択すれば印刷できます。

成績処理

Chapter 6

# テストは即返却！所見はその場で書く！

成績管理は自治体によって様々な制限があり、校務用のiPadであっても許可されていない場合があります。

使用の際は、管理職の許可はもちろん、さらには本体の紛失、データの流出に十分気をつけて行う必要があります。

また、iPadでの管理が認められている場合でも、児童の名前は入力せず、出席番号のみで使用するなどの配慮が必要です。

iPadでの成績管理が認められていない方は、Numbersの使い方などの参考にして頂ければと思います。

テストの点数転記は「GoodNotes5」「Numbers」で行う方法があります。

## GoodNotes5で紙と同じように点数を転記

あらかじめ名簿用紙をスキャンし、GoodNotes5に保存しておきます。

あとは、Apple Pencilで点数を転記していくだけなので、紙と同じ感覚で行うことができます。

ペンのカラーの切り替えや、書き直しが簡単にできるので、紙よりも効率よく点数を転記していくことができます。

また紙であれば、用紙がなくなる度に印刷をし、ファイルにとじていかなければなりませんが、iPadならその作業が必要ありません。

GoodNotes5内に「成績」のフォルダを作成し保存しておけば、用紙は無限に複製でき、紛失の心配も一切無くなります。

ただし、GoodNotes5はあくまでもノートアプリなので、表計算などを行うことはできません。

## Numbersでは平均点や評価が自動で算出される

Numbersを使用してテストの点数を転記すれば、GoodNotes5よりも転記に少し時間はかかるものの、自動的に平均点や評価などを算出することができます。

わざわざ職員室のパソコンで作業する手間がないので、すぐにテストを返却することができます。子どもたちもその日のうちに返却されれば、記憶も新しいのでフィードバックの効果も上がります。

本書末にあるQRコードを読み取れば、テスト成績表をダウンロードすることができます。自動的に、テストの合計、平均点、評価が算出されるようになっていますので、ぜひお試しください。

## GoodNotes5と Numbersの比較

|  | 転記スピード | 扱いやすさ | 表計算 |
|---|---|---|---|
| GoodNotes5 | ○ | ○ | × |
| Numbers | △ | △ | ○ |

　iPadにまだ慣れていない人は、まずは紙と同じ感覚で扱えるGoodNotes5で点数を転記していく方法をおすすめします。

　平均点や評価などまで自動で算出させたいなら、Numbersの使用をおすすめします。

## メモ感覚で所見を 記録していく

　所見の入力もiPadで行うようにすれば、子どもたちの活躍をその場で記録していくことができます。

　後でまとめて書こうとすると、直近のこと以外は、ほとんど覚えておらず、書くのに時間がかかってしまいます。

　だからこそ、普段から隙間時間を使って、子どもたちが輝いていたところをメモするように書き進めていくことが大切です。

　アプリは、Numbersを使用します。

　所見記録表も本書末にあるQRコードからダウンロードできるようになっています。

　文字を入力すれば、文字数がカウントされ、目標の文字数に到達するとセルの色が変わる仕様になっています。

## 提出物はNumbersの チェック表で管理

　提出物の管理はNumbersのチェック表で行なっています。

　Numbersでは、セルの中にチェックボックスを追加することができます。そのチェックボックスをタップするだけでセルのカラーが変わるので、誰が未提出なのかが一目瞭然になります。

　この方法で管理するようになってから、朝の宿題チェックが非常に楽になりました。

# 01

[成績処理]
# テストの点数を転記する

かかる時間
5分

難易度
★☆☆☆☆

アプリケーション

GoodNotes5

 **ポイント**
1. 紙と同じ感覚
2. 紛失の心配なし
3. 名簿の用紙は無限に増やせる

 **準備**
1. テストの点数転記用の名簿用紙
2. スキャンアプリなどで名簿用紙をスキャン

難しく考えず、紙と同じ要領で点数を転記することができます！紙を無くす心配がないので安心！

▷ 完成イメージ

Chapter 6

成績処理

**01**

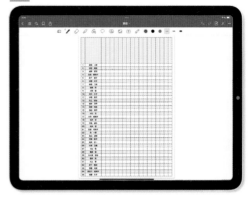

あらかじめスキャンしておいた児童名簿をGoodNotes5
に保存し、教科ごとにフォルダを作成しておきます。

**02**

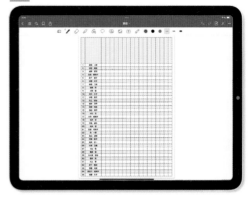

開くとこのような感じになります。

**03**

| | | 知 | 思 |
|---|---|---|---|
| 1 | 菊池　二郎 | 70 | 40 |
| 2 | 成田　幸雄 | 80 | 45 |
| 3 | 高野　宏司 | 100 | 50 |
| 4 | 古賀　麻衣子 | 95 | 50 |
| 5 | 森下　春子 | | |
| 6 | 石橋　文子 | | |
| 7 | 森田　二郎 | | |
| 8 | 後藤　彩 | | |
| 9 | 小田　健 | | |

あとは、実際の紙と同じように書き込んでいきます。

**04**

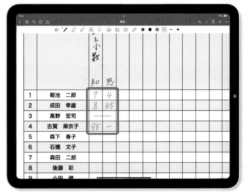

| | | 知 | 思 |
|---|---|---|---|
| 1 | 菊池　二郎 | 7 | 4 |
| 2 | 成田　幸雄 | 8 | 45 |
| 3 | 高野　宏司 | — | |
| 4 | 古賀　麻衣子 | 95 | — |
| 5 | 森下　春子 | | |
| 6 | 石橋　文子 | | |
| 7 | 森田　二郎 | | |
| 8 | 後藤　彩 | | |
| 9 | 小田　健 | | |

何十点の0は省略、満点のところは「一」というルール
にしておくと、さらに早く転記していくことができます。

**05　ページを追加し学期ごとに目次を作成する**

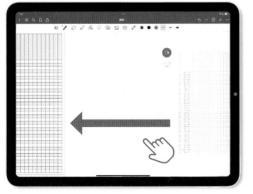

ページを左方向にスワイプすれば、ページを追加す
ることができます。

**06**

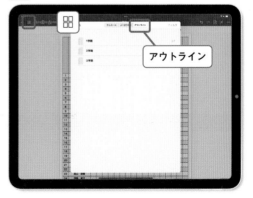

アウトライン

学期ごとに管理しやすいように、目次を作成（目次
の作成法はP16を参照）しておくと便利です。

# 02

[成績処理]

# テストの点数を転記し
# 平均点・評価を算出する

かかる時間
5分

難易度
★★★☆☆

アプリケーション

Numbers

 **ポイント**
1. 合計点や平均点が自動で計算される
2. 評価によって色分けされる

 **準備**
1. 本書末のQRコードを読み取り「テスト成績表」をNumbers
で開く

テスト成績表を使用する場合は学校用のiPadで行ってください。
個人情報の取り扱いにご注意を！

▷ **完成イメージ**

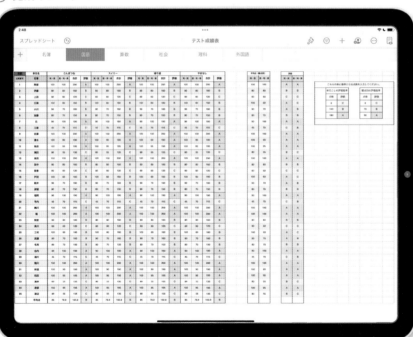

**01**

「名簿」のタブを開き、名前を入力します。すると他のタブでも名簿が反映されます。

**02**

「国語」のタブを開き、右端にある評価基準の点数を入力します。

**03**

単元名を入力します。

**04**

点数を入力すると、合計点・評価が算出されます。

**05**

1番下の行には、平均点が算出されます。

**06**

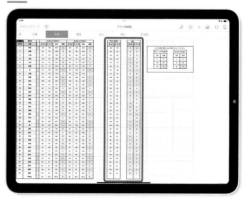

右側にある表には、観点別の平均点・評価が算出されます。

# 03

難易度
★★★☆☆

アプリケーション

Numbers

[成績処理]
## 所見を入力する

**ポイント**
1. iPadがあればいつでもどこでも入力できる
2. 文字数が自動的にカウントされる
3. 目標の文字数に到達すれば色が変わる

**準備**
1. 本書末のQRコードを読み取り「所見」のファイルをNumbersアプリに保存
2. クラスの名簿

> 所見データは自分が使いやすいようにカスタマイズしてください！

▶ 完成イメージ

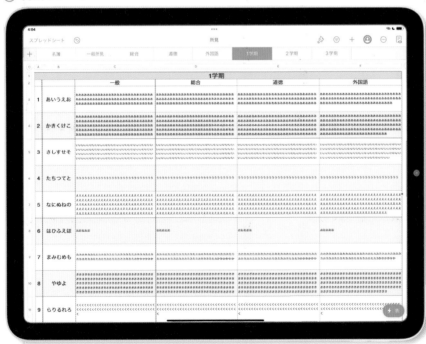

**01**

Numbersを起動し、あらかじめ保存しておいた「所見」を選択します。

**02**

一つ目のタブに名簿を入力する表があるので、出席番号順に名前を入力していきます。

**03**

入力できたら、右隣のタブ「一般所見」をタップします。

**04**

すると2つ目以降のタブ全てに名前が反映されます。

**05**

セルに文字を入力するとその右側のセルに文字数が表示される仕様になっています。

**06**

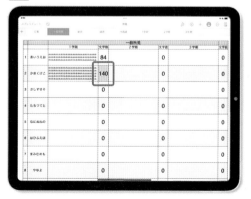

また、目標の文字数を超えると、文字数のセルの色がオレンジ色に変わります。

**07**

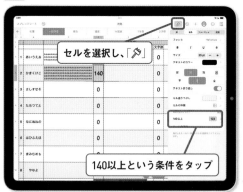

文字数が表示されているセルを選択した状態で、「🔧」をタップします。

**08**

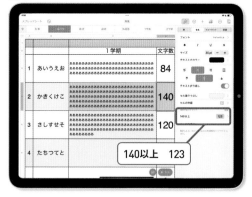

「セル」を選択し「140以上　123」をタップします。

**09**

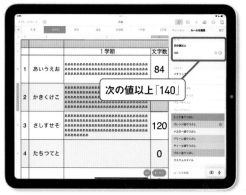

次の値以上「140」の数字を変更します。ここでは「120」にします。

**10**

これで目標の文字数を「120」に変更したことになります。

**11**

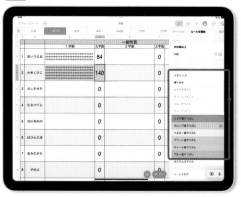

塗りつぶしの色もここで変更することができます。

**12**

変更した目標の文字数を他のセルにコピペで反映させます。

**13**

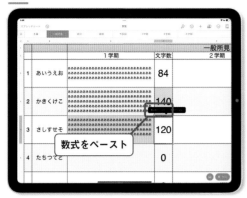

「数式をペースト」を選択します。

**14**

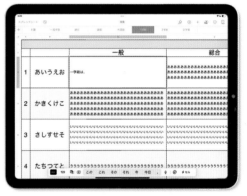

「option + shift + command + V」で貼り付ければ、数式のみを貼り付けることができます。

## 15 一覧を表示する

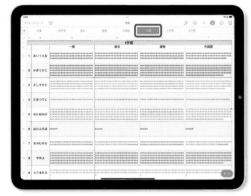

タブにある「1学期」を選択すると1学期の所見が一覧で表示されます。

**16**

ここで文章を打ち替えることもできます。

## 17 パスワードを設定する

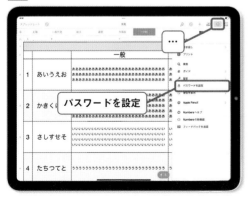

「…」→「パスワードを設定」をタップします。

**18**

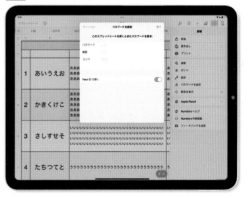

必要項目を入力して「完了」をタップすれば、このスプレッドシートにパスワードを設定することができます。

# 04

[成績処理]

# チェックボックスを使って
# 提出物を管理する

かかる時間
30分

難易度
★★★☆☆

アプリケーション

Numbers

 ポイント
1. チェックが簡単
2. 一度作ったら繰り返し使える
3. 朝の宿題チェックが楽になる

準備
1. 児童名簿

普段の宿題チェックや、4月当初の保健関係書類などは、
Numbersで作成したチェックボックスを使用すると便利です！

▶ 完成イメージ

**01**

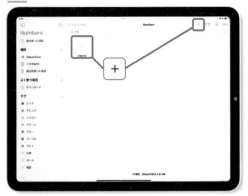

Numbersアプリを開き、新規追加の「+」もしくは、右上の「+」をタップします。

**02**

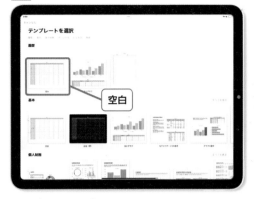

テンプレートは「空白」を選択します。

**03**

表の左上をタップし、表1全体を選択します。

**04**

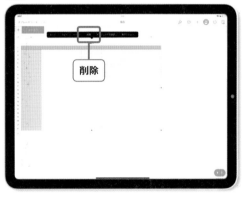

今回はこの表を使わないので「削除」します。

**05**

「+」をタップして新しい表を挿入します。今回は、青ベースの1番上にある表を使用します。

**06**

表を追加したら、「🪄」をタップします。

## 07

行は児童数、列は提出物の数に合わせます！

「行」と「列」を変更する

「行」と「列」の数を変更します。

## 08

ファイルと表の名前をタップしてそれぞれ変更する

ファイルと表の名前を変更します。

## 09

児童名を入力

左端のセルに児童名を入力していきます。

## 10

セル

児童名を入力したセルを選択した状態で「🖌」をタップし「セル」を選択します。

## 11

行内の文字を整列

中央に配置

文字の配置をセルの中央に変更します。

## 12

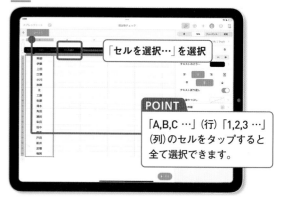

「セルを選択…」を選択

### POINT

「A,B,C …」（行）「1,2,3 …」（列）のセルをタップすると全て選択できます。

セルをタップし、「セルを選択…」を選択します。

**13**

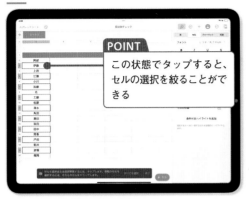

色を変えたいセルを全て選択します。

**14**

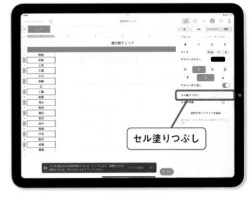

「セル塗りつぶし」を選択します。

**15**

「カラー」を選択し、お好みの色に変更します。
色を交互にすると列が見やすくなります。

**16**

次にチェックボックスを作成したいセルを全て選択
します。

**17**

「⚒」をタップし、「フォーマット」を選択します。

**18**

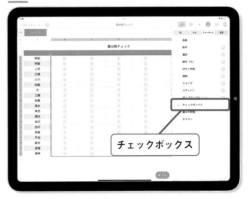

「チェックボックス」を選択すると、簡単にチェッ
クボックスが完成します。

**19**

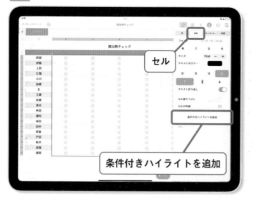

セル

条件付きハイライトを追加

さらに条件を加えるために「セル」をタップし、「条件付きハイライト」を選択します。

**20**

「ルールを選択」の中の「セル」
→「チェックがついている」

「セル」を選択し、「チェックが付いている」を選択します。

**21**

塗りつぶしのカラーを
選択

塗りつぶしカラーを選択します。

**22**

誰が提出しているか
一目瞭然！

するとチェックをつけたセルの色が変わる仕組みになります。

**23** タブを複製する方法

「シート1」を長押し→「複製」

タブをタップし「複製」を選択すれば、同じタブを増やすこともできます。

**24**

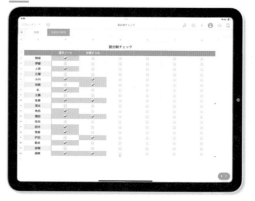

このように、タブごとに名前を変更して使用することも可能です。

## 25 チェックボックスの列を追加する

列を選択した状態で右下にある「列」をタップし、
「複数の列を前に追加」をタップします。

## 26

すると簡単に新しいチェックボックスの列を追加す
ることができます。

## 27 行と列を固定する

列を選択した状態で、「🔧」をタップし「表」を選択
します。

## 28

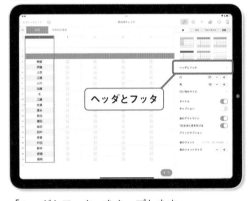

「ヘッダとフッタ」をタップします。

## 29

固定したい行と列それぞれの数を決めて、固定表示
をオンにすると、行と列が固定されます。

## 30

固定すると、表を左にスワイプしても左側の列が動
かず、名前を確認しながらチェックできます。

Chapter 7

iPad の
便利な使い方

Chapter 7

# 機能や操作を自動化させ作業効率を上げる！

これまでに iPad で書類整理をする方法や教材研究をする方法など、便利な使い方について書いてきました。このチャプターではそれらの作業をさらに効率よく行う iPad の便利な使い方について詳しく紹介していきます。

## ショートカットを使いこなす

「ショートカット」を使えば、複数の機能や操作を自動化し、ワンタップで実行することができるようになります。

例えば、ワンタップで「アラームをセット」「Wi-Fi のオンオフの切り替え」「キャッシュレスアプリの支払い画面を開く」のようなことが可能になります。

仕事で使う上で特に便利なのがワンタップで「教科書を開く」ことができることです。

また、教科書以外にも Numbers で作成している「所見データ」や、Pages で作成している「学級通信」などもワンタップで開けるようにショートカットを作成することができます。

このように、日頃よく使う機能や操作のショートカットを作成しておくことで、すぐに作業を始めることができるようになります。

## ショートカットフォルダをウィジェットに追加する

ショートカットはとても便利な機能ですが、以下の画像のように増やしすぎるとショートカットを探すのに時間がかかってしまいます。

そこで、ショートカットフォルダを作成し、ホーム画面のウィジェットに追加することをおすすめします。

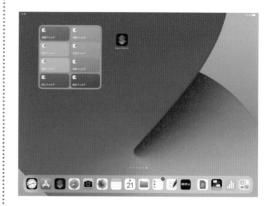

このようにすることで、ホーム画面がスッキリ整理され、特定のショートカットも見つけやすくなります。

身の回りの整理整頓と同じく、iPadの中身も整理整頓しておくことで、さらに作業効率を上げることができます。

## AssistiveTouch を使いこなす

「AssistiveTouch」は、ホームボタンと電源ボタンを画面タッチで操作したり、複雑な操作をショートカットに置き換えたりする機能です。

「AssistiveTouch」をオンにすると、以下の画像のようなボタンが画面上に出現します。

「シングルタップ」「ダブルタップ」「長押し」の3つのアクションに日頃よく使う動作や機能を登録することで、より効率的な操作が可能になります。

## コントロールセンターを使いこなす

コントロールセンターでは、ワンタップで普段よく使う機能やツールに瞬時にアクセスすることができます。

以下の画像のように、画面右上の隅から下にスワイプすると出てきます。

「画面ミラーリング」「Wi-Fiの切り替え」「画面収録」など様々な項目を追加することができます。

設定から自分がよく使う項目を選んでおき、瞬時にアクセスできるようカスタマイズしておきましょう。

## キーボードの「ユーザ辞書」を使いこなす

よく使う単語や文章を「ユーザ辞書」に登録しておくと、効率よく入力することができるようになります。

例えば、予測変換で出てこない珍しい読み方の漢字や、住所、メールアドレスなどを登録しておくと、すぐに入力ができるのでとても便利です。

また、所見を書く際には、あらかじめ定型文をいくつかユーザ辞書に登録しておけば、さらに効率よく仕上げることができます。

# 01

**[iPadの便利な使い方]**

# ショートカットを作成する

かかる時間
10分

難易度
★★★☆☆

アプリケーション

ショートカット

 **ポイント**

1. 特定の教科書やノートをワンタップで開くことができる
2. 月中行事・年間行事日程もワンタップで開くことができる
3. QRコードを瞬時に生成できる

 **準備**

1. GoodNotes5に教科書などを保存しておく

 よく使うフォルダやノートは、全てショートカットを作成しておき、ホーム画面に並べておくことをおすすめします。

▷ **完成イメージ**

## 01 GoodNotes5のフォルダを開く ショートカットを作成する方法

「＋」をタップ

ショートカットアプリを開き、上にある「＋」をタップします。

## 02

App

「GoodNotes5」をタップ

「App」を選択し、「GoodNotes5」を選択します。

## 03

**MEMO**

選択したいフォルダやノートがない場合は、一旦ショートカットアプリを閉じ、GoodNotes5で選択したいファイルやノートを開くと、一覧に出てきます。

ショートカットを作成したいフォルダやノートを選択します。

## 04

左上のアイコン

左上の「アイコン」をタップし、カラーを選択します。

## 05

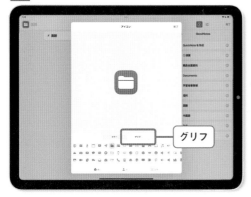

グリフ

「グリフ」を選択すれば、お好みのアイコンに変更できます。「完了」をタップします。

## 06

完了

「完了」をタップします。

## 07

作成したショートカットの
右上の「…」をタップ

すると作成したショートカットが左上に現れるので、
そのフィールド内の右上の「…」をタップします。

## 08

ホーム画面に追加

「⬆️」をタップし、「ホーム画面に追加」をタップし
ます。

## 09

追加

「追加」をタップします。

## 10

すると画像のように作成したショートカットがホー
ム画面に現れます。

## 11 QRコードを生成するショートカットを作成する

スクリプティング

「スクリプティング」をタップします。

## 12

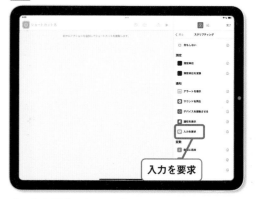

入力を要求

「入力を要求」をタップします。

Chapter 7
iPadの便利な使い方

**13**

検索バーに「QRコード」を入力し「QRコードを生成」をタップします。

**14**

「書類」をタップします。

**15**

「クイックルック」をタップします。

**16**

このショートカットの名前を入力します。

**17**

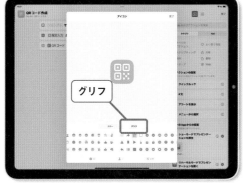

アイコンをタップし、「グリフ」からショートカットに合うアイコンを選択します。

**18**

後は、先ほどと同じ手順でホーム画面に追加すると、QRコードを生成することができるショートカットの完成です。

# 02

## ショートカットフォルダを ウィジェットに追加する

かかる時間
10分

難易度
★★★★☆

アプリケーション

ショートカット

ポイント　1. ワンタップでフォルダを開くことができる
　　　　　　2. ウィジェット機能を使ってコンパクトに整理

準備　　1. 教科ごとのショートカットを作成

ショートカットフォルダを作成すれば、ホーム画面がスッキリします！何よりも見た目がかっこいい！

▷ 完成イメージ

## 01 ショートカットフォルダを作成する

まずはショートカットアプリを起動し、左下の「🖿」
をタップします。

## 02

これから作るフォルダの名前を入れ、アイコンを選択

フォルダの名前とグリフを決めて「追加」をタップ
します。

## 03

これでショートカットフォルダの完成です。

## 04

「＋」からショートカットを作成します。

## 05

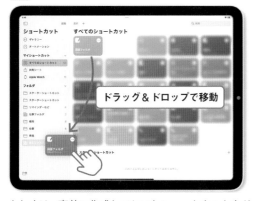

ドラッグ＆ドロップで移動

もしくは、事前に作成しておいたショートカットをド
ラッグ＆ドロップで作成したフォルダに移動します。

## 06

フォルダ内のショートカット
は、4つor8つがおすすめです。

さらにショートカットを追加していきます。

## 07

画面を長押しし、左上の「＋」をタップします。

## 08

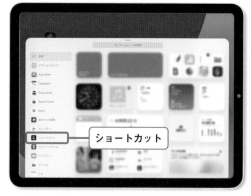

ショートカット

左の列にある「ショートカット」を選択します。

## 09

左右にスワイプして形式を選ぶ

ウィジェットの形式を選びます。右から左にスワイプすると、他の形式が出てきます。

## 10

フォルダ内のショートカットが8つの場合は、この形式のウィジェットがおすすめです。

## 11

ウィジェットを追加

形式を選べたら「ウィジェットを追加」をタップします。

## 12

これで、ホーム画面にウィジェットが追加されます。

## 13 ショートカットフォルダを選択する

ショートカットのウィジェットを長押しし、「ウィジェットを編集」をタップします。

## 14

「すべてのショートカット」をタップします。

## 15

最初に作成した「教科フォルダ」を選択します。

## 16

すると、フォルダに保存していたショートカットが表示されます。試しに「国語フォルダ」をタップします。

## 17

すると、GoodNotes5の国語フォルダ内を瞬時に開くことができます。

## 18

フォルダごとにウィジェットを追加していけば、使いやすく整理することができます。

Chapter 7
iPadの便利な使い方

# 03

# AssistiveTouchを使って効率よく操作する

 **ポイント**
1. ワンタップでスクリーンショットが可能に
2. メニューをカスタマイズできる
3. 再起動が一瞬

 **準備**　特になし

 Assistive Touchでは、ワンタップでスクリーンショットが撮れたり、一瞬で再起動を行ったりすることができます。

## ▷ 完成イメージ

**01**

「設定」を開き、「アクセシビリティ」を選択します。

**02**

「タッチ」をタップします。

**03**

「AssistiveTouch」をタップします。

**04**

「AssistiveTouch」をオンにすると、画面にAssistive Touchのボタンが現れます。

**05**

デフォルトでは、シングルタップのカスタムアクションが「メニューを開く」になっています。

**06**

ボタンをタップすると、このようにメニューが開きます。

## 07　メニューをカスタマイズする方法

「最上位メニューをカスタマイズ」をタップします。

## 08

設定されているメニューアイコンが表示されます。アイコンをタップすれば、メニューを変更できます。

## 09

メニューには自分で作成したショートカットを選択することもできます。

## 10

「ー」「＋」からアイコンの数を変更することも可能です。

## 11

他のアプリを開いている時でも、ボタンを押せば、すぐにメニューを開くことができます。

## 12

すると瞬時に週案を開くことができます。

## 13 アクションを変更する

「シングルタップ」をタップするとアクションを変更することができます。

## 14

「スクリーンショット」を選択すれば、ボタンをシングルタップするだけでスクショができます。

## 15

「スクロールジェスチャ」「ショートカット」などのアクションを選択することもできます。

## 16

「ダブルタップ」「長押し」にもアクションを追加できます。「長押し」のアクションに「再起動」を選択します。

## 17

ボタンを長押しすると、このような画面になり、一瞬で再起動を行うことができます。

## 18

以下はおすすめのアクションです。
・メニューを開く
・スクリーンショット
・再起動
・Appスイッチャー
・カメラ

自分が使いやすいようにアクションを設定してみましょう！

# 04

## コントロールセンターを
## カスタマイズする

かかる時間
2分

難易度
★☆☆☆☆

アプリケーション

設定

**ポイント**
1. タイマーの設定や画面収録ができる
2. Wi-Fiの切り替えも簡単

**準備**　特になし

　コントロールセンターでは、ワンタップで普段よく使う機能やツールに瞬時にアクセスすることができます！

---

▷ **完成イメージ**

**01**

「設定」を開き「コントロールセンター」をタップ
します。

**02**

「＋」をタップすると、その項目がコントロールセ
ンターに表示されるようになります。

**03**

「－」がついている項目が、コントロールセンター
に表示される項目です。

**04**

画面右上隅から左下にスワイプすると、コントロー
ルセンターが表示されます。

**05**

Wi-Fiを長押しすると、接続するWi-Fiを切り替える
ことができます。

**06**

コントロールセンターでよく使う機能やツール
・Wi-Fiのオンオフ
・画面ミラーリング
・通知オフ
・画面収録
・音量調整
・タイマーセット
自分が使いやすいようにカスタマイズしてみて
ください！

# 05 ユーザ辞書を使って効率よく テキストを入力する

かかる時間
**3分**

難易度
★☆☆☆☆

アプリケーション

設定

 **ポイント**
1. メールアドレスなどよく使うものは登録必須
2. 所見のフレーズを登録して効率化

 **準備**　特になし

よく使う単語や文章を「ユーザ辞書」に登録しておく
と、効率よく入力することができるようになります！

---

▷ **完成イメージ**

## 01

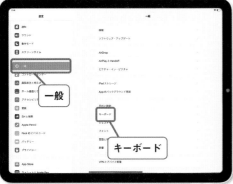

「設定」を開き、「一般」→「キーボード」をタップ
します。

## 02

「ユーザ辞書」をタップします。

## 03

右上にある「＋」をタップします。

## 04

「単語」と「よみ」を入力します。

## 05

「保存」をタップすると登録完了です。

## 06

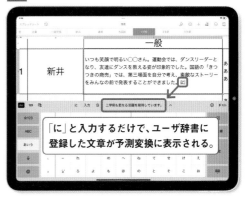

「に」と入力すると、ユーザ辞書に登録した文章が予測変
換に表示されます。所見を書くときなどに大活躍します。

# あとがき

**「教師という仕事をより楽しく、人生をより豊かにしてほしい」**

これが僕の発信を続ける理由です。

そしてそれを可能にする一つの道具として「iPad」の活用術を本書で紹介させて頂きました。

iPadで様々な仕事をするようになってから一番感じたことは**「楽しい」**ということです。

iPadがあると「こんなものを作ってみたいな」と想像していたことを形にすることができます。そして、使っていくうちにどんどん自分の引き出しが増えていき、以前よりも**「仕事が楽しい」**と思うようになりました。

また、僕の勤めている小学校では、児童に1人1台のiPadが支給されています。

iPadが支給されてから、授業デザインがガラリと変わり、業務もだいぶ効率化されるようになってきました。

子どもたちもiPadを使うと、僕と同じく**「授業が楽しい」**と言ってくれます。

もちろんiPadばかりに頼っているわけにはいきませんが、一つの武器として持っておいて損はないと思います。

しかしながら、まだまだ十分に活用が進んでいないのも現実です。

本書を手に取った方が、この中の一つでも実際に活用し、その活用法がまた次の誰かに伝わり、少しずつiPadの活用が普及していくことを楽しみにしています。

**そして「仕事が楽しい」「授業が楽しい」と思える人が増えていくことを心から願っています。**

最後まで読んで頂きありがとうございました。

もしも、本書を読んでわかりにくい点やiPadについてお困りの点がありましたら、お気軽に僕のTwitterやInstagramにご連絡頂ければと思います。

## ［著者紹介］

# こう

小学校教諭

5時に起きて5時に帰る小学校教員。定時で帰る働き方を発信するブログ「もう5時っすよ。」を運営。月間9万PVを得るなど注目を集めている。Twitter（@kosensei8）は1.6万フォロワー（2023年1月時点）。

Twitter

Instagram

教師ブログ『もう5時っすよ』

# 本書のダウンロード・コンテンツの利用方法

本書のダウンロード・コンテンツは、東洋館出版社ホームページ内にある「マイページ」からダウンロードすることができます。なお、本書のデータを入手する際には、会員登録および下記に記載しているユーザー名とパスワードが必要になります。入手の方法は以下の手順になります。

【東洋館出版社HP】

**URL** https://www.toyokan.co.jp

東洋館出版社 検索

**❶**「東洋館出版社」で検索して、「東洋館出版社オンライン」へアクセス

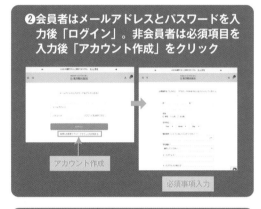

**❷**会員者はメールアドレスとパスワードを入力後「ログイン」。非会員者は必須項目を入力後「アカウント作成」をクリック

**❸**マイアカウントページにある「ダウンロードギャラリー」をクリック

**❹**対象の書籍をクリック。下記記載のユーザー名、パスワードを入力

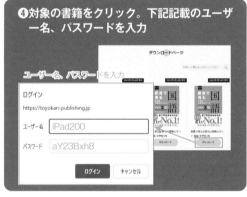

ユーザー名、パスワードを入力

ログイン
https://toyokan-publishing.jp
ユーザー名 iPad200
パスワード aY23Bxh8
ログイン キャンセル

## 【使用上の注意点および著作権について】

・リンク先にはパソコンからアクセスしてください。スマートフォンではファイルが開けないおそれがあります。
・PDFファイルを開くためには、Adobe AcrobatまたはAdobe Readerがインストールされている必要があります。
・PDFファイルを拡大して使用すると、文字やイラスト等が不鮮明になったり、線にゆがみやギザギザが出たりする場合があります。あらかじめご了承ください。
・収録されているファイルは、著作権法によって守られています。
・著作権法上の例外規定を除き、無断で複製することは法律で禁じられています。
・収録されているファイルは、営利目的であるか否かにかかわらず、第三者への譲渡、貸与、販売、頒布、インターネット上での公開等を禁じます。
・ただし、購入者が学校での授業において、必要枚数を子どもに配付する場合は、この限りではありません。ご使用の際、クレジットの表示や個別の使用許諾申請、使用料のお支払い等の必要はありません。

## 【免責事項・お問い合わせについて】

・ファイル使用で生じた損害、障害、被害、その他いかなる事態についても弊社は一切の責任を負いかねます。
・お問い合わせは、次のメールアドレスでのみ受け付けます。tyk@toyokan.co.jp
・パソコンやアプリケーションソフトの操作方法については、各製造元にお問い合わせください。

# 著作権について

## 授業以外での著作物の取扱いには十分注意！

　本書では教科書を取りこみ、教科書問題を使った教材作成などについて紹介しています。これらは使い方を誤ると著作権法に違反します（本書で紹介する取り組みでは使用料を支払っています）。学級通信などで他者の製作した写真などを利用されている方もいると思います。学校内の著作権に関しては、著作権法第35条をしっかりと把握してご活用ください。

> 著作権法第35条第1項　学校その他の教育機関（営利を目的として設置されているものを除く。）において教育を担任する者及び授業を受ける者は、その授業の過程における利用に供することを目的とする場合には、その必要と認められる限度において、公表された著作物を複製し、若しくは公衆送信（自動公衆送信の場合にあっては、送信可能化を含む。以下この条において同じ。）を行い、又は公表された著作物であって公衆送信されるものを受信装置を用いて公に伝達することができる。ただし、当該著作物の種類及び用途並びに当該複製の部数及び当該複製、公衆送信又は伝達の態様に照らし著作権者の利益を不当に害することとなる場合は、この限りでない。

　例えば以下の場合は、著作権者の許諾もしくは、使用料の支払いが必要になります。
・教科書の全部、もしくは一部が含まれた画像等を児童生徒以外もアクセス可能なサーバーに保存する。
・教科書の全部、もしくは一部が含まれた画像等をSNSや他者のいるコミュニティにアップロードする。
・保護者が目にする資料にアニメのキャラクターを使用する。
・スキャンした教科書データを別の教師に渡す。（参考：30条私的利用）

　上記の著作権法第35条では、教師が予習復習などでアップロードする権利は含まれていません。「授業目的公衆送信」という形になり、授業目的公衆送信補償金制度（SARTRAS）に学校単位で補償金を支払う必要があります。逆に言えば、支払っていれば使用していいので、管理職等に相談しましょう。

> （授業目的公衆送信）
> 学校等の教育機関の授業で、予習・復習用に教員が他人の著作物を用いて作成した教材を生徒の端末に送信したり、サーバにアップロードしたりすることなど、ICTの活用により授業の過程で利用するために必要な公衆送信

　詳しくは公益社団法人著作権情報センターの「学校教育と著作権」をご参照ください。
https://www.cric.or.jp/qa/cs01/
　また、文化庁の『著作物の教育利用に関する関係者フォーラム』の資料には具体的な使用場面等にも書いてあるので、一読しておきましょう。
https://www.bunka.go.jp/seisaku/chosakuken/pdf/92223601_11.pdf

## カスタマーレビュー募集

本書をお読みになった感想を下記サイトに
お寄せ下さい。レビューいただいた方には
特典がございます。

https://www.toyokan.co.jp/products/5094

**【引用・参考文献】**

『新しい算数 4上』（令和2年版）、東京書籍.
『新しい算数 4下』（令和2年版）、東京書籍.
『新しい算数 5上』（令和2年版）、東京書籍.
『新しい算数 6』（令和2年版）、東京書籍.
『こくご 二上 たんぽぽ』（令和2年版）、光村図書.
『国語 三上 わかば』（令和2年版）、光村図書.

## あなたのiPadを200%活用する教師の仕事術！

2023（令和5）年3月15日　初版第1刷発行
2024（令和6）年2月1日　初版第6刷発行

| | |
|---|---|
| 著　者 | こう |
| 発行者 | 錦織圭之介 |
| 発行所 | 株式会社東洋館出版社 |
| | 〒101-0054　東京都千代田区神田錦町2丁目9番1号 |
| | コンフォール安田ビル2階 |
| | （代表）　　03-6778-4343／FAX 03-5281-8091 |
| | （営業部）　03-6778-7278／FAX 03-5281-8092 |
| | URL　　　https://www.toyokan.co.jp/ |
| ブックデザイン | 米倉英弘（細山田デザイン事務所） |
| 印刷・製本 | シナノ印刷株式会社 |

ISBN　978-4-491-05094-2
Printed in Japan